어둠이 깊을수록 별은 빛나고

어둠이 깊을수록 별은 빛나고

김정화 수필집

열린지평

머리말

돌아보면 희미하고 아득한 시간이다. 그래서 기쁘거나 행복했던 일보다 어두컴컴하고 답답했던 기억이 먼저 떠오른다. 평생 가난한 농부의 아들로 자라온 내 어린 시절이 그랬다.

수업을 마치고 집에 돌아오면 경운기로 남의 논을 갈아야 했던 초등학교 시절, 손톱에 낀 흙덩이를 성냥개비로 긁어내고 다음 날 학교 가기에 바빴던 저녁 무렵 술에 취한 아버지의 꾸지람과 회초리는 어린 내가 이해하고 견디기에는 너무나 버거웠다.

기억 속에서 지워버리고 싶은 고단한 시간이었지만, 그 때마다 어머니는 나를 따뜻하게 보듬어주셨다. 가슴속에 깊이 담아두기만 하고 한 번도 제대로 표현한 적이 없던 어머니의 마음이 어떠했을지 이제는 나도 짐작이 되어 가슴이 먹먹하다.

경험이 부족하고 생각이 짧아 실수할 때도 있었고, 가치관이 흔들릴 때도 많았다. 내면의 결핍으로 길을 잃고 헤매기도 했고 막다른 길에서 좌절할 수도 있었지만, 그 때마다 늘 곁에서 응원해준 아내 덕분에 지금 이 자리까지 올 수 있었다. 아내는 어제보다 좀 더 나은 나를 꿈꿀 수 있게 해주었고, 내가 꿈을 향해 나아갈 수 있도록 의미를 부여해주었다.

그때부터 자꾸 생각하게 되는 것이 있었다. '인격과 철학이 부족한 내가 할 수 있는 것이 과연 무엇일까?' 하는 것이었다. 아무리 생각해봐도 내가 가진 것은 신념뿐이었다. 부족한 지난날의 내가 좀 더 나은 어른이 될 수 있도록 공부하며 나를 단련시키고, 미래를 선명하게 그려볼 수 있도록 지켜준 아내에게 깊은 고마움을 느낀다.

나이가 들었다고 그저 어른이 되는 것은 아니라고 생각한다. 내 삶의 흔적이며 앞으로 나아갈 세상과의 약속과도 같은 이 한 권의 책을 준비하며 느낀 점이 참 많다. 특히 사람들과의 신의가 얼마나 중요한지 되돌아보는 계기를 갖게 되었으니 나 나름대로 뜻깊은 시간이었다. 지금 한 발자국 내디딘 이 발걸음이 어디로 이어질지 모르지만, 지금의 마음을 잃지 않고 살아가며 신의를 나의 자산으로 만들어야겠다고 다짐해본다.

어머니를 닮은 어진 어른이 되고 싶다. 혹독한 회초리로 눈물 젖어 있던 아들을 다독여주며 키워주신 어머니에게 이 책을 바친다. 아버지께도 이 책을 드리고 싶은데 이미 저 세상에 계시니 때늦은 선물이 되어 버린 셈이다.

여기까지 오는 동안 많은 가르침을 주셨던 선배님들과 친구들, 그리고 후배들의 믿음과 신뢰가 큰 용기가 되었다. 나의 선택을 지지해주고 지혜를 준 모든 분들에게 이 자리를 빌려 고마움의 인사를 드린다. 이 책이 나오도록 많은 관심을 갖고 도움을 주신 도서출판 열린지평 김소양 대표님에게도 감사드린다.

2019년 봄날

김정화

차례

3부 목민관을 기다리며

4부 세상 읽기

5부 내 사랑 남해

1부

가족사진

가족사진

◇◇◇◇◇◇ 큰 딸아이가 이벤트 행사에 응모해 가족사진 촬영권을 받아왔다. 누구나 스마트폰으로 손쉽게 사진을 찍고 공유하는데 굳이 가족사진이 필요할까 하는 생각도 잠시 들었지만, 가족이 함께 사진을 찍으러 간다는 사실만으로도 마음이 절로 동요되었다.

사진 촬영을 하는 날이 되자 아침부터 가족 모두 분주하게 움직였다. 이 일은 남편이며, 아버지인 나를 되돌아보는 계기가 되었다. 가족사진을 찍으러 나서려니 가족을 보살피며 느끼게 되는 기쁨이 그득히 차올라 마음이 남달랐다.

우리 부부가 쉰 살을 맞이하는 사이 아이들도 훌쩍 자랐는데, 가족이 한 명도 빠짐없이 한 컷의 사진 속에 함께 해 본 적이 언제였던지…….

빠듯한 살림이라 여유롭게 키우지 못했는데도 큰 딸이나 작은 아들이나 남매가 서로 아끼고 사랑하며 구김살 없이 착실하게 잘 자라준 것이 새삼 고마웠다. 자식에게 고마운 만큼 아빠로서 미안한 마음도 컸다.

아내 얼굴에 하나 둘 늘어난 중년의 주름살이 새삼 눈에 띈다. 아내로 엄마로 살아오며 감당해야 하는 책임감 때문이었으리라. 권한을 준다고 해서 맘껏 누릴 사람이 아니니 아내이자 엄마로서의 책임과 의무 때문에 그늘진 주름이라 느껴졌다. 그러는 사이 마음의 주름살은 또 얼마나 깊어졌으랴 싶으니 안쓰럽기만 하다.

사람 사는 일이 매일 즐거울 수는 없겠지만, 설령 즐겁지 않은 날이라 해도 덜 슬프게 해 줄 수도 있었으련만 무심히 지나온 세월이 꽤나 길었다. 가족에게 대한 미안함을 감출 수가 없었지만, 마음은 넉넉하고 편안했다. 가족의 따스한 체온 덕분이리라.

스튜디오 안으로 들어서니 여러 가족들이 와서 기다리고 있었다. 그들이 사진 찍는 모습을 바라보며 우리 차례를 기다렸다. 드디어 우리 차례가 왔다. 사진을 찍느라 서로 눈길을 마주치며 취하는 포즈가 다 사랑스럽게 느껴졌다. 아내와 둘이 서로 마주보며 찍을 때는 민망해서 웃음이 절로 났다. 지금껏 살면서 서로 이렇게 얼굴을 마주하며 바라본 적이 없었다.

카메라 셔터 소리가 날 때마다 지난 세월 속에 녹록치 않았던 순간들이 한 컷, 한 컷 슬라이드처럼 스치며 지나갔다. 살아오면서 분수나 품위 같은 것들은 다 내려놓고, 이처럼 격의 없이 아내와 따뜻하게 교감해 본 적이 있었던가.

한 뼘도 안 되는 거리에서 아내를 바라보는 동안 어정쩡한 웃음 사이로 미묘한 감정이 솟구쳐 올라 혈관을 타고 흘러 심장으로 전해지는가 싶더니 눈시울이 뜨거워졌다.

딸아이와 아들 녀석과 마주할 때는 어색한 느낌을 지우려 애써보았지만 쉽지 않았다. 애비가 되어 자식과 마주 바라보며 사진을 찍는 일이 왜 이리 멋쩍고 어색한 건지……. 그동안 내가 살아온 방식과 추구하는 가치가 아이들과 마음의 거리를 두게 한 것은 아닐까. 아이들에게 쓰윽 팔베개라도 해주며 손깍지라도 껴본 적이 있었던가. 아이들이 이만큼 클 때까지 좀 더 따뜻하고 살갑게 대해주지 못한 것이 사진 찍는 내내 마음에 걸렸다.

가족사진은 내게 많은 것을 느끼게 해주었다. 가족은 내가 아프고 힘들 때 위안이 되라고 있는 게 아니었다. 그리고 진정한 위안이란, 내가 가족을 겹겹이 보듬어 줄 때 내 안에 당당한 힘으로 차오르는 것이리라.

그날은 약간 어색하긴 했지만 자아효능감을 느낄 수 있었다. 아내와 딸, 아들 덕분이었다. 내 자존감의 원천이 가족이라는 것을 느낄 때 비로소 나도 제대로 된 가족의 일원이 될 수 있다는 것을 깨달았다. 이제는 좀 더 자상하고 인정이 넘치는 남편, 그리고 아버지가 될 차례다.

수학여행비 이만 삼천육백 원

◇◇◇◇◇◇ 중학교를 졸업하고 고등학교에 진학할 무렵에도 우리 집안 형편은 그리 나아지지 않았다.

당시 남해에는 고등학교가 일곱 곳 정도 있었는데, 입시를 앞둔 우리는 인문계로 진학을 해야 할지 실업계로 진학을 해야 할지 다들 갈림길에 서 있었다. 친구들은 대부분 인문계로 방향을 정한 것 같았다. 부모님들이 자식만큼은 대학에 보내야 한다고 결심했기 때문이었다.

하루는 고등학교 입학 원서를 쓰기 위해 아버지에게 말문을 열었다.

"저어… 아부지, 고등학교를 결정해야 합니다. 오데로 가낀지예?"

"정화야, 우리 형편에 오데로 가겠네. 공고로 갈래, 안그라모 수고로 갈래? "

공고는 진주기계공업고등학교, 수고는 남해수산고등학교, 현재 경남해양과학고등학교였다.

"그라모 수고로 갈께예. 친구들도 그리로 많이 갑니다."

집을 떠나 진주까지 가서 공부를 한다는 것이 조금 두렵기도 했고, 수고를 나와 배를 타면 돈을 벌 수 있겠다는 생각이 들어서였다. 공부라도 잘했더라면 인문계에 가겠다고 아버지를 설득이라도 해볼 텐데, 내 공부 실력으로는 보란 듯이 잘 해낼 자신이 없었다.

남해수고에는 가정형편이 어려워 진학하는 학생들이 많았다. 그리고 인문계 고등학교에 진학할 성적이 안 되어 들어온 학생들도 있어서 그들의 도피처가 되기도 했다. 그래서 원하지 않는 일들이 종종 벌어지기도 했다.

고등학교 1학년 때 일이다. 점심시간에 한 녀석이 같은 반 친구들에게 강제 모금을 했다. 아니, 모금이 아니라 협박이고 갈취였다. 급우들은 매점에서 빵 사먹을 돈을 호주머니에서 꺼내어 놓을 수밖에 없었다.

그런 일들이 계속 이어지게 되자, 참다못한 나는 교무실로 찾아갔다. 그리고 담임 선생님에게 그동안 있었던 일을 말씀드렸다. 그 후 담임 선생님의 경고와 지도 덕분에 다소 잠잠해지는 것 같았지만, 그 녀석의 말투와 행동은 여전히 폭력적이었다.

누가 선생님에게 고자질을 했느냐며 급우들을 어르고 협박하는 그 녀석의 행동은 딱하기도 하고, 무섭기도 했다. 그러나 그 녀석은 지금 우리 곁에 없다. 그리 빨리 세상을 떠날 줄 알았더라면 그런 행동을 하지 않았을 텐데 하는 생각이 들어 안타깝기만 하다.

지금까지 잊히지 않는 이런 일도 있었다. 고등학교 2학년 때 수학여행을 갈 무렵 벌어진 사건이었다. 부모님께 보여드려야 할 가정통신문과 수학여행 신청서를 담임 선생님이 주셔서 그걸 들고 집으로 돌아갔던 날이었다.

모내기를 앞둔 철이라 아버지는 경운기로 남의 논을 갈아주시느라 눈 코 뜰 새가 없었다. 얼른 옷을 갈아입고 아버지가 논을 갈고 있는 들판에 가서 할 일을 찾다가 경운기를 이어받아 논을 갈았다.

당시 논 200평 한 마지기에 초벌갈이라고 하는 생갈이를 하려면 몇 번이나 논을 갈아야 했다. 시간이 많이 걸리는 일이라 그렇게 해주고 나서 2만원을 받았던 것으로 기억한다.

해가 떨어지자 경운기 불을 켜고 논을 갈았는데, 그 때까지도 일이 끝나지 않아 경운기를 남의 논에 둔 채 집에 돌아와 저녁밥을 먹었다. 저녁을 먹으며 '저 수학여행 가야 합니다'라는 말을 꺼내려고 했지만 몇 차례 기회를 놓쳤고, 끝끝내 말을 입 밖에 내지 못했다.

수학여행비 이만 삼천육백 원을 내려면 논 두 마지기를 생갈이로 갈아야 하는데 아버지한테 차마 말을 꺼낼 엄두가 나지 않았다. 수학여행 가정통신문은 책가방 밖으로 나오지도 못한 채 책갈피 속에서 숨죽이고 있다가 다음 날 학교로 다시 돌아갔다.

다음 날 아침 조회시간에 담임 선생님이 들어왔다.

"가정통신문 앞으로 내라. 혹시 수학여행 못가는 사람 있나? 우리 2학년 6반은 한 명도 빠지지 말고 전부 가야 된다. 알겠나!"

눈치를 살폈다. 아무도 손을 들지 않았다. 긴장도 되고 걱정도 되었다. 제발 한 명이라도 손을 들면 좋으련만……. 마침 그 때 친구 한 명이 손을 들었다. 기회라고 생각되었다.

"저요!" 아침 조회 시간이 빨리 흘러가면 좋겠다는 생각뿐이었다. 더 이상 아무 말씀도 하시지 않았던 국어를 담당했던 담임 선생님의 마음이 고마웠다.

그리고 시간이 흘러 수학여행을 이틀 앞둔 5교시 체육시간이었다. 담임 선생님이 운동장에 와서 체육 선생님의 양해를 구하시더니 나를 교실로 불러들였다.

교실에 들어갔더니 밀대 자루를 빼어들고 다짜고짜 엎드리란다.

"선생님, 와 그랍니까?"

"엎드려! 이 새끼야, 빨리 엎드려!"

허벅지며 엉덩이며 오지게 맞았다. 엎드린 채로 바닥을 구르다 드러누웠는데도 "이 새끼야, 어디 거짓말을 하냐!"며 매질을 멈추지 않았다. 왜 맞는지 까닭을 모르니 무슨 말로 어떻게 변명이라도 할 재간이 없었다.

"선생님, 와이랍니까? 제가 와 맞는지 알아야 할 거 아입니까?"

"니 와 선생님한테 거짓말 하네, 니 수학여행비 집에서 받았나, 안 받았나?"

"무슨 말입니까? 선생님. 안 받았습니다."

"진짜 안 받았나?"

"예, 선생님. 정말 안 받았습니다."

부모님께 가정통신문을 보여드리지 않았다는 말은 차마 하지 못했다.

"정화 니 거짓말 하면 죽는다. 알았나!"

"거짓말 아입니다, 선생님!"

태어나서 그렇게 많이 맞은 적이 없었다. 눈물이 났다. 교실 바닥에 주저앉아 아파서라기보다 서러워서 입술을 깨물고 울었다.

종례를 마치고 청소 시간에 선생님이 교무실로 불렀다. 어기적어기적거리며 교무실로 걸어갔다.

"정화야, 수학여행비 진짜 안 받았나?"

"예, 선생님!"

"알았다. 가봐라!"

학교를 마치고 집으로 돌아왔다. 허벅지 핏자국에 옷이 들러붙어서 체육복이 벗겨지지 않았다. 도무지 혼자 떼어낼 수가 없어서 학교에서 단체 기합을 받았다 하고 어머니에게 도움을 청했다. 어머니가 놀라며 이게 무슨 일이냐고 궁금해 했지만, 아버지에게는 말씀드리지 말라고 신신당부를 하고 어찌 어찌 수습을 했다.

알고 보니, 그 사건은 같은 학교에 다니던 사촌으로부터 비롯된 일이었다. 내가 수학여행을 같이 가지 않게 된 것이 안타까웠던지 담임 선생님에게 나를 데리고 가자는 취지로, 아마 수학 여행비를 집에서 받았을 것이라고 얘기하는 바람에 일어난 오해로 정리가 되었다.

이틀 후 친구들은 수학여행을 떠났고, 그 사흘 동안 나는 학교에 갔다. 그런데 몽둥이를 들었던 담임 선생님이 조금도 원망스럽지 않았다. 그만한 일로 내게 배신감을 느끼고 화를 낼 만큼 담임 선생님이 나를 신뢰하고 있었다는 것이 고마웠기 때문이었다.

그 사건은 공부를 더 열심히 해야겠다고 다짐하는 계기가 되었고 내게 소중한 경험으로 켜켜이 쌓였다. 그 시절이 아련히 그립다.

아빠는 너를 항상 응원한다

◇◇◇◇◇◇ 딸아이는 맏이로 태어나 어릴 적부터 뭐든지 잘 하려 애쓰고, 칭찬 듣는 걸 좋아하던 아이였다. 그리고 남해의 작은 시골마을 초등학교였지만 전교 어린이회장을 하며 우리 부부에게 당찬 모습을 보여주기도 했었다. 딸아이는 중학교에 입학한 후에도 부모가 특별히 걱정할 거 없이 자라는 듯 했다.

그런데 학교에서 단체로 수련회를 다녀오던 날,

"야영은 재미있었나?" 하고 물었더니, 답을 하지 못한 채 머뭇거리던 딸이 닭똥 같은 눈물을 쏟아냈다.

"아빠, 나 어떡해, 너무 힘들어!"

무슨 일인지 놀라 당혹스러웠다.

"왜 그러는데? 얘기를 좀 해봐라."

"혜민아, 뭔 일이고?" 하며 아이 엄마도 덩달아 다그치자 딸아이가 말문을 열었다.

중학교에 입학한 후 학교에서 이런 저런 활동을 도맡아 하게 되자, 친구들은 자신에게 주어질 수도 있는 기회를 딸아이가 다 뺏고 있다는 생각을 하게 된 것 같았다. 가깝게 지내던 친구들마저 시샘을 하며 하나둘 등을 돌리더란다. 정신을 가다듬고 주변을 둘러봤을 땐 곁에 친구가 거의 없었고, 혼자라는 사실이 너무 무섭고 견디기 힘들었지만 누구에게도 말할 수 없었다고 한다.

그런데 수련회에 가서 단체 활동을 하려 하자 더 힘들 수밖에 없었던 모양이다. 조를 짤 때, 그 누구도 딸아이와 같은 조를 하려 하지 않았으며, 반장인 자기 말을 따라주지 않았다는 것이다.

딸아이가 친구들에게 배려가 부족하고, 겸손하지 않아서 그런 것이 아닐까 싶기도 했다. 결국 친구들은 친구들대로, 딸아이는 딸아이대로 상처를 받았으니 모두 다 견디기 힘든 시기였다.

딸아이에게 따뜻하게 대해주며 함께 하교하는 친구는 있는지, 여전히 축 처진 어깨로 혼자 하교를 하는지, 학교 앞에서 딸아이를 몰래 지켜보던 그때를 생각하면 지금도 가슴이 저며 온다.

딸아이는 고등학교에 진학하며 초등학교 선생님이 되고 싶어 했다. 견디기 어려웠던 중학시절 딸에게 큰 힘이 되어준 수학 선생님의 영향도 있었던 것 같다.

초등학교 교사가 되려면 교대나 교원대를 가야 하는데 만만치 않은 길이었다. 딸아이는 장학금을 받고 고등학교에 입학했었는데, 2학년 때까지 성적이 오르지 않고 계속 슬럼프였다. 그리고 수능을 마치고 수시 전형으로 ㅊ교대에 지원했지만 낙방을 하고 말았다. 그러나 합격한 지방 국립대학 법학과는 갈 생각이 없단다.

"혜민아, 이제 어떻게 할 생각이냐?"

"재수를 해서 교대에 가고 싶은데 한 번만 도와주세요, 아버지."

"재수는 어디서 어떤 방법으로 할 생각인데?"

"아직 그것까지는 생각 못했어요."

"그러면 고시원으로 들어가라. 혼자서 외롭게 공부해라. 그러면 재수 허락하마."

그렇게 고시원 쪽방에 갇히듯이 아이는 재수를 시작하게 되었다. 집사람과 간혹 반찬을 준비해 들고 고시원으로 향하는 발걸음은 무겁기 짝이 없었고, 아이 방을 들여다보고 돌아서는 마음은 더 착잡했다. 헤어지는 딸아이 뒷모습을 쳐다볼 자신이 없을 때도 많았다. 가엾고 불쌍한 마음에 금방 눈물이 나올 것 같아서였다.

그렇게 재수를 끝내고 마음을 졸이며 수능을 보았다. 그리고 교대 2곳에 지원한 결과 한 곳은 탈락, 한 곳은 합격자 예비 순번을 받게 되었다. 그러나 예비 순번을 받은 학교에서 연락이 오기를 기다렸지만 끝내 연락은 오지 않았다.

'수능시험을 쳤다는데 어떻게 되었는지?', '어느 학교에 가는지?' 지인들이 수없이 물었지만, '자기가 알아서 하겠지, 뭐.'하며 얼버무릴 수밖에 없었다.

"그렇게 하고 싶은 선생님이니, 삼 세 번 이번이 마지막이다!"하며 주변에는 알리지 않고 시작한 삼수. 딸아이는 재수할 때보다 책임감과 부담을 더 많이 느끼는 듯 했다.

그러나 부모 입장에서 보면, 딸의 미래를 위해 잠시 기다려 주는 것이 그리 어려운 일도 아니었고, 시간을 낭비하는 것은 더더욱 아니었다. 삼수는 재수보다 더 어려울 거라 걱정스러웠지만 작은 골방에서 견뎌내는 시간이 딸아이를 크게 성장시켜 줄 것이라는 생각뿐이었다.

그리고 딸아이는 드디어 한국교원대에 합격했다. 발표가 있던 날

가족 모두 부둥켜안고 울었던 기억이 지금도 생생하다. 서울의 명문대학도 아닌데 왜 유난을 떠는가 하겠지만 재수와 삼수를 하며 성실하게 자기 목적을 위해 2년 동안 고시원에서 노력한 딸이 대견하고 고마웠다.

선생님이 되고자 그 길로 나아가는 딸아, 물은 웅덩이를 채워야 다시 흐른다는 말이 있더라. 그동안 겪어온 많은 선택의 기로 앞에서 내가 어떤 선택을 하든 믿고 지지한다. 진정 내가 하고 싶은 것이 있다면 망설이지 말고 그 길로 나아가길 바란다. 실패와 좌절은 덤이란다. 중요한 것은 다시 딛고 일어서는 담대한 용기다. 세상 어디에도 절망의 심연은 없단다. 수면 위로 솟구치기 위해 잠시 가라앉는 것일 뿐, 언제나 너를 믿고 응원하는 아빠가 있다는 걸 잊지 말기 바란다.

첫 직장, 새마을금고

◇◇◇◇◇◇ 해군에서 군 복무를 마치고 나서 1989년 ㅅ 새마을금고에 입사해 금융 업무를 배우게 되었다. 당시 그곳은 역사가 깊고 전통이 있는 곳이어서 그만큼 자부심이 컸다.

새마을금고는 우리나라 고유의 주민 협동 수단인 두레 · 품앗이 · 향약 · 계 등을 잇는 마을 생활 공동체 정신을 계승한 조직이라, 지역 주민을 고객으로 모시는 생활이 무척 즐겁고 행복했다. 내가 추구하고자 하는 삶의 방식과 닮은 부분이 많았기 때문이다.

사람을 모신다는 것, 섬긴다는 것이 그렇다. 내가 궁핍한 생활을 해서 그런지 몰라도 작은 돈도 아껴 쓰며 저축하려는 분을 볼 때면 조금씩 더 풍족해지는 기쁨을 덩달아 발견하게 되었다. 그리고 돈을 벌기 위해 사업자금으로 빚을 얻으려는 분들을 볼 때면 월급 생활자인 내가 그 분들보다는 부자라는 생각도 하게 되었다. 또 가계가 쪼들려 대출하려는 분의 모습을 볼 때는 걱정을 함께 하며 삶의 애잔함을 느끼기도 했다.

형편이 어려운 분들이 가난과 사채에서 벗어나게 하는 중요한 역할을 하는 곳이 새마을금고이며, 새마을금고를 찾는 분들에게 희망과 보람을 드리는 것이 아랫사람의 도리이며 조직 구성원으로써의 의무라는 생각이 들었다.

당시 이재천, 조성복, 이기순, 이치선, 최종열 이사장, 조용호 전무, 이익균 부장은 사회생활의 지혜와 희망, 용기를 내게 가르쳐주셨다. 그리고 어떤 생각을 갖고, 어떻게 행동해야 하는지 스스로 느끼면서 깨닫게 해주었다. 참으로 고마운 분들이었다.

2002년 ㅅ 새마을금고는 ㅁ새마을금고와 합병을 준비했다. ㅅ 새마을금고의 경영 성과가 좋지 못했기 때문이다. 합병을 두고 여기저기서 엇갈린 평가를 하며 각기 다른 견해를 피력했다. 지금 생각해보면, 당시 합병의 시기와 방식이 꼭 옳은 선택이었는가 하는 아쉬움이 있다. 그러나 그 때는 사회적인 측면보다 경영적인 측면을 고려해 합병을 진행하게 되었다.

합병을 하고 난 후, 나는 정신적으로 힘든 시간을 보내게 되었다. 어쩌면 자존심에 관한 문제가 아니었나 싶기도 하다. 조직이 지향하는 가치와 바탕이 내 생각과 많이 달랐기 때문이다.

무엇보다 합병 후 새로운 이사장의 견제와 통제는 견디기 힘들 정도였다. 합병 이후 내가 생각하고 꿈꾸어 왔던 조직문화와는 거리가 있었으며 그 거리는 도무지 좁혀지지 않았다.

구성원들이 공통의 목표 아래 오랜 시간 동안 꾸준히 성장하며 일궈낸 조직의 가치는 구성원 개개인이 가지고 있는 가치의 합과 같다. 하지만 합병을 통해 급작스럽게 규모가 커져버린 조직 안에서 새로운 가치와 목표에 부응하기 위해서는, 규모에 맞는 능력과 소양을 겸비하기 위해 끊임없이 노력을 해야 하는데 그러려면 무엇보다 시간이 필요하다. 나 역시 마찬가지였다.

그러던 어느 날, ㅎ 이사장이 나를 불렀다. '김 상무, 자네는 가정이 있고 한참 키워야 할 애들도 있지 않느냐, 그러니 직장에서 밥그릇 떨어지기 싫으면, 내 말 잘 듣기 바란다.'는 요지의 얘기였다. 조직 경영에 골몰하기보다 기분에 맞는 일만 하라는 것인가. 그 얘기를 듣고 있으려니 모멸감이 들었고 비참했다.

'내 리더십과 경영마인드에 문제가 있는 건 아닐까.' 짧은 기간에 말단 직원에서 상무로 고속 승진한 것이 무작정 기쁘기만 한 일은 아니라는 생각이 비로소 들었다. 이제 홀로서기를 해야 하나. 목마름에 대한 알맞은 답을 고르기가 쉽지 않았다.

인생 2막의 시작

◇◇◇◇◇◇ 2004년 7월 15년, 15년 동안 근무했던 새마을금고를 떠났다. 쓸쓸하고 막막했다. 무엇보다 주변의 시선이 나를 더 슬프고 힘들게 했다. 그들이 내 생각과 행동의 정당성을 조금도 인정하지 않는다고 느껴졌기 때문이다.

퇴직을 하긴 했지만, 아무리 생각해봐도 내가 한 때 몸을 담고 있으며 젊음을 바치고 헌신했던 조직의 리더로써 ㅎ 이사장을 인정하기 어려웠다. 최소한 나의 명예를 회복하는 것도 중요하다는 생각이 들었다.

그 상황을 견뎌야 했고 다시 딛고 일어나야 했다. 퇴직 후 ㅎ 이사장과의 힘든 싸움이 시작되었다. 이사장은 총회의 불신임 결의안으로 중도 퇴임했다. 떠나는 그를 지켜보며 그가 조직에 대해 미안한 마음을 조금이라도 갖기를 바랐다.

이런 저런 일을 겪으며, 나를 옭아매고 있는 스스로의 감옥에서 훌훌 벗어나고 싶다는 생각이 들었다. 인생의 갈림길에서 옳은 길을 선택할 용기가 필요했고, 자질구레한 잡념들을 이겨내고 지혜와 덕을 쌓고도 싶었다.

그러던 중에 2004년 8월, 고성에 있는 절을 찾아가게 되었다. 그리고 별 생각 없이 법당에 들어가 무조건 백팔 배를 시작했다. 시간이 흐르며 온몸이 땀으로 흥건해졌고, 하염없이 눈물이 나왔다. 눈물 맛이 매웠다. 한 배 한 배 더해 갈수록 하늘을 향한 원망은 나 자신에 대한 성찰로 바뀌었다. 고요하고 엄숙해진 마음 안에서 모든 것이 다 내 탓이라 여겨지기 시작했다.

'그래, 남이 바라보는 시선은 그저 시선일 뿐이다. 내 자존심 또한 한낱 보잘 것 없는 것이다. 다시 시작하자. 처음으로 돌아가자.'

며칠 후, 스님을 통해 성현의 가르침을 배우고 싶어 절을 다시 찾았다. 그렇게 하는 것이 나 자신을 스스로 위로하고 극복하며 용기를 주는 일이라 여겨졌다.

절에서 머무르는 동안 수많은 생각이 떠올랐다. 그리고 내 마음 속의 나침판조차 제대로 보지 못하고 있는 상태에서 벗어나 나를 스스로 지켜야 한다는 생각이 문득 들었다. 세상은 더 크게 느껴지고 나는 부쩍 작아진 것 같았지만, 넓은 세상을 향해 다시 나아갈 용기가 비로소 생겨난 듯 싶었다. 절에서 지낸 시간은 나 자신을 되돌아보는 계기가 되었다.

절에 마지막으로 다녀온 후, 혼자 공부하며 지낼 만한 시간과 공간이 갖고 싶어졌다. 딱히 어떤 목적을 둔 공부를 하고 싶다기보다 지금의 이 시공간에 그대로 머물러 있고 싶지 않았다. 원래 내 안에 있는 것이었는데도 불구하고, 분열되고 소외된 가치를 제대로 주워 담아 온전한 내 것으로 만들고 싶었다.

집에 있는 몇 권의 책과 옷 보따리를 밤새 꾸렸다. 옷 보따리에 든 것은 별다를 게 없는데, 밤새도록 짐을 꾸리는 마음은 우주를 옮기는 듯 복잡하고 무거웠다. 그리고 다음 날 새벽, 진주 ㅊ고시원으로 향했다.

집사람과 아이들에게 너무나 미안해 발걸음이 가볍지만은 않았다. 남편으로서 아빠로서 내가 해야 할 역할을 뒤로 미룬다는 것이 염치없어서 절로 고개가 숙여졌다. 하지만 그 시기의 내게는 견고한 신념으로 굳건히게 일어설 큰 용기가 필요했다. 좁은 골방에 나를 가두고서라도 말이다.

고시원이라는 공간이 내게 통제력와 책임감을 갖게 해줄 것이라는 막연한 기대가 있었다. 철저하게 혼자 시간을 보내다 보면 뭔가 마음정리가 될 것 같았다. 동기부여가 필요했고 뭔가 의지할 대상이 필요했다.

그런데 마음을 먼저 다져놓고 고시원으로 향한 것이 아니어서 처음엔 적응하기가 쉽지 않았다. 집에서 가져간 책을 읽으며 며칠을 보냈다. 혼자 지어 먹는 밥조차 무거운 책임감으로 다가왔다. 밥을 먹고 난 뒤에 설거지를 할 때면 포만감은 온데간데 없고 오히려 마음이 더 헛헛하고 허전하기만 했다. 경험도 없이 젊은 나이에 시작한 새마을금고에서의 생활을 통해 보고 듣고 느낀 것은, 새마을금고가 전부였다. 그렇다보니 15년 동안의 세월을 정리한다는 것이 쉽지 않았다.

이제 내가 뛰어놀고 꿈꾸어 온 남해에서 앞으로의 삶을 어떻게 살 건지 구체적으로 설계를 해야 했다. 다양성과 전문성을 가지고 평생 직업으로 삼고 내가 잘 할 수 있는 분야는 어떤 것인지, 시시각각 변하는 사회 속에서 내가 알고 있는 상식을 보태고 더 배워가며 인생 2막을 제대로 꾸려 나갈 수 있는 방법은 무엇인지 고민했다. 그리고 공인중개사 자격을 취득하기로 마음먹었다.

그러나 공인중개사 자격증을 취득하는 길은 만만치 않았다. 법과 관련된 여섯 과목을 섭렵한다는 것은 쉬운 일이 아니었으므로 정신이 느슨하지 않도록 단단히 동여맸다. 내 안의 또 다른 나와 싸우면서 대여섯 시간 잠자는 때를 제외하곤 하루 종일 고시원에서 책과 씨름을 했다.

한 평이 채 안되는 좁은 공간에서 긴 시간 동안 계속 공부를 하려고 하니 집중이 잘 되지 않을 때도 많았다. 그럴 때면 근처에 있는 대학도서관으로 자리를 옮겼다. 늦은 시간까지 책과 씨름하는 젊은 대학생들을 보고 있으면, 절로 마음을 다잡게 되었다.

하루는 가까운 분이 음식을 준비해 늦은 오후 고시원으로 찾아왔다. 그동안 끼니를 대충 때우며 지냈던 터라, 제 시간에 제대로 된 밥을 먹게 되니 마음도 든든해지는 것 같았다. 외롭게 홀로 떨어져 지내다가 가까운 이가 찾아온 것만으로도 큰 위로가 되었다.

그는 '마음의 상처를 치유하기 위해서는 그 아픔과도 마주해야 한다. 그러려면 삶의 상처를 정면으로 바라보는 것이 상처를 아물게 하는 첫걸음이다.'라고 얘기하며 손을 꼬옥 잡아주었다. 그 얘기를 들으며 나도 모르게 눈물이 흘렀다. 사람에게 가장 소중한 치료약은 역시 사람이라는 생각이 들었다.

어둑어둑해질 무렵 그를 배웅하고 고시원으로 돌아와 멍하니 앉았다. 반가운 이의 방문으로 즐거운 시간을 보냈던 터라 더 쓸쓸하고 허전했다. 마음을 다잡고 도서관으로 향했다. 차가운 공기가 머릿속을 맑게 해주어 무거웠던 발걸음이 한결 가벼워지는 듯 했다.

포기는 또 다른 선택

◇◇◇◇◇◇ 젊은 시절 첫발을 내디뎠던 직장을 떠난 후에도 새마을금고에 대한 애착을 버릴 수 없었던 탓인지 2008년 2월부터 지금까지 10여 년 동안 새마을금고 감사 직분을 맡았다. 새마을금고가 지역사회와 회원인 고객을 위해 건강하게 성장하길 바라는 마음이 간절했던 까닭이다.

그리고 나의 소중한 꿈이며 목표가 새마을금고 경영 책임자인 이사장이 되는 것이어서, 굳이 그 꿈을 감출 이유도 없었으므로 감사 직분을 맡는 것은 어쩌면 자연스러운 일이었다.

감사라는 직무는 정기적으로 경영을 감독하는 것이므로 조직의 경영 성과는 어느 정도인지, 개선할 내용은 무엇인지 임원으로서 경영 과정에 참여해 파악해야 한다. 또한 조직이 나아가고자 하는 방향, 즉 경영 방법에 대해 조언자로서의 역할도 해야 한다.

간혹 감사 의견에 대해 구성원과 마찰도 있었지만 그것은 조직이 건강하게 발전하기 위한 것이었다. '틀렸다', '맞다'가 아니라 서로 다른 관점에서 생각을 교환하고 이해하며, 당시 이사장이나 직원들로부터 오히려 내가 더 많은 것을 보고 듣고 배우게 되었다.

그리고 2015년 이사장 선거에 당선되기 위해 팔을 걷어붙였다. 2007년 12월, 전 이사장이 이사장 선거에 출마할 때 곁에서 지켜보며 여러 생각을 했던 터라, 지금 자리에서 내가 할 수 있는 최선을 다해 금고의 지도자로서 제대로 된 평가를 받고 싶었다.

선거는 늘 상대적인 법이다. 내가 준비가 다 되었다 해서 선택을 받는 것은 아니었다. ㅂ 전 이사장은 3선에 도전했고, ㅈ 후보는 지역 선배로서 인품이 훌륭한 분이었다. 그러나 나도 그동안 준비해왔던 나름대로의 가치와 기준으로 당당히 승부하여 좋은 결과를 얻고 싶었다.

선거운동 기간 중에 ㅈ 선배가 찾아왔다. 나에게 양보를 부탁하기 위해서인 것 같아서 처음 몇 번은 자리를 피했다. 얘기를 어떻게 나누어야 할지 좋은 생각이 떠오르지 않았다.

그 후, 모교인 ㅅ 초등학교 전직 동창회장 등 지역 원로들이 열 명 남짓 모여 합일점을 찾으려했지만 결렬되었다. 윗사람에 대한 도리를 나름 알고 있으면서도 단일화를 거절할 수밖에 없었던 까닭은, 나에게도 애절함과 절박함이 있었기 때문이었다.

ㅈ 선배는 사무실로 찾아와 내가 양보해 이번 선거에 자신이 당선되면 4년 임기만을 채우고 다음 선거 때는 최선을 다해 나를 도와주겠다고 했다. 그리고 그 내용을 각서로 써주겠다고 했다. 그러나 나는 각서를 받지 않겠다고 했다. 대의원 중 한 명이 ㅈ선배가 약속의 증표로 각서를 써주겠다고 한다는 말을 다시 전해왔지만, 나는 각서가 중요하게 생각되지 않았다.

2015년 8월 ㅈ 선배와 술을 한 잔 하면서 이런 저런 얘기를 나누었다. 새로운 얘기는 없고, 했던 얘기만 반복될 뿐이었지만 마음속에 담아두었던 얘기를 다 한 것 같았다.

"정화 동생, 이번 한 번만 양보해 주게. 4년 뒤에는 내가 살아온 인생을 걸고 자네를 돕겠네."

"선배님, 죄송합니다. 이러한 일에 양보가 곧 미덕은 아니겠지만 이번만큼은 저를 한 번 도와주십시오. 간곡히 부탁합니다."

인간적인 감정이란, 어디까지 이해될 수 있는 것이며 어디까지 받아들여야 하는지 참으로 어려웠다.

추석을 며칠 앞둔 9월 어느 날, 몇몇 대의원의 주선으로 ㅅ 지역에 거주하는 새마을금고 이사 세 분의 협의를 통해 지역 대의원 28명이 한 자리에 모였다. 지역사회 어르신들과 금고 대의원들은, 이 지역에서 두 명이 이사장 후보로 출마의 뜻을 꺾지 않고 있으니, 마음이 편치 못하신 것 같았다.

이사 한 분이 이 자리에 모이게 된 동기와 취지를 설명했다. 두 사람이 이번 이사장 선거에 후보로 나오게 되어 지역에서 걱정하는 분들이 많다면서 서로 좋은 방향을 찾아보고자 이 자리를 마련하게 된 것이니 이해해 달라는 내용이었다.

일부 대의원이 불평을 했다. 어떻게 하는 것이 좋은지, 출마하겠다는 두 당사자를 앞에 두고 어떻게 결론을 내려는 것인지, 두 사람이 수차례 만나 이견을 좁히려고 애썼음에도 불구하고 서로의 뜻이 강경한데 굳이 이런 자리를 가질 필요가 있느냐는 것이었다.

잠시 침묵한 후, 어차피 마련된 자리이니 두 사람의 의견을 최종적으로 들어보자는 쪽으로 얘기가 이어졌다.

ㅈ 선배가 먼저 얘기를 시작했다. 지금까지 새마을금고와 함께 살아온 삶을 얘기하고 4년 임기, 딱 한 번만 기회를 달라고 했다.

그리고 이번에 내가 양보하면 4년 뒤에는 나에게 기회가 오도록 모든 노력을 다 하겠으니, 양보를 해 달라는 내용이었다. 선배는 지역사회에서도 인자하고 훌륭한 사람으로 통한다. 선하고 바른 성품으로 삶을 참 잘 살아온 분이어서 나도 존경하는 선배였다.

ㅈ 선배의 얘기가 끝나자 ㅇ 이사가 ㅈ 선배에게 다시 물었다. 김정화 감사가 양보를 해서 당선이 되면 4년 뒤에 김정화 감사를 돕겠다는 약속을 반드시 지킬 수 있겠느냐고 하자, ㅈ 선배는 반드시 그렇게 하겠다고 답했다. 순간 난감했다.

다음은 내 차례였다. 지금껏 살아오면서 새마을금과와 함께했던 지난날에 대한 회상, 퇴직 후 새마을금고 감사로 일하며 내게 부족한 것이 무엇인지 하나하나 채우며 정말 열심히 달려온 이야기를 솔직하게 털어놓았다. '이렇게 노력했는데도 아직 모자라고 준비가 덜 된 것인지?' 나 자신을 포함해 그 자리에 있는 모두에게 물어보고 싶은 심정이었다.

그리고 정리가 되지 않는 여러 가지 생각에 휩싸였다. 포기도 하나의 선택일까? 설령 내가 운이 좋아 이번 선거에서 당선이 된다 한들 과연 나에게 남는 것이 무엇인가? 그렇다면 이쯤에서 잠시 멈춰야 하는가?

한 걸음 떨어져서 정리된 나의 감정을 다시 읽었다. '선배가 가는 길을 방해하지 말고 이번에는 여기서 잠시 비켜줘야 하지 않을까.' 눈물이 쏟아지려 했다. 입술을 깨물고 애써 참으려 했지만 어찌할 도리가 없었다. 감정이 북받쳐 목이 메었다.

"선배님이 가고자 하는 길을 잘 가실 수 있도록, 이번에는 제가 잠시 비켜드리려고 합니다."

설움에 복받쳐 눈물이 뺨을 타고 뜨겁게 흘러내렸다. 삶이란 참으로 알 수가 없다. '나는 이제 연장을 거두고 집으로 돌아간다. 하지만 그것은 두렵거나 지쳤기 때문이 아니라, 다만 해가 저물었기 때문이다.'라는 그리스 시인 니코스 카잔차키스의 말이 오래도록 마음을 맴돌았다. 며칠을 뜬눈으로 밤을 지새웠다. 참으로 혹독한 시간이었다.

오랫동안 그토록 원하던 일을 포기한다는 것은 내가 감당하기에 결코 쉬운 일이 아니었기 때문이다. 마음의 허기가 채워질 때까지 제법 긴 시간이 걸렸지만, 나는 금고의 감사로서 조직을 건강하게 만들어 나가는데 힘을 보태야겠다는 생각으로 다시 나의 자리로 돌아가 금고를 위한 일에 매진했다.

그리고 아래와 같은 요지의 새마을금고 감사 강평을 했다.

"새마을금고 직원 여러분, 조직의 건강한 발전을 위해서는 누구도 예외 없이 지위를 막론하고 지금 서 있는 내 자리를 한 번 돌아봐야 합니다. 물론 감사의 의견이 매번 옳고 추구하고자 하는 방향이 항상 바른 것은 결코 아닐 것입니다. 감사의 판단이나 견해에 부족한 부분이 있다면 서로 논의하고 절충하면서 합의점을 찾아나가는 과정이 반드시 필요할 것입니다.

강평을 하겠습니다.

먼저, 갈수록 어려워질 것이라 예견되는 금고 내부 상황을 좀 더 심각하게 받아들이고 내 직장을 위해서 지금 내가 해야 할 일이 무엇인지 고민하고 성찰해야 하겠습니다.

조직 구성원은 권한 배분에 대한 의식과 공동 책임감이 필요합니다. 권한 배분은 담당자의 체면이나 자존심의 문제가 아닙니다. 업무에 대한 책임은 담당, 대리, 과장, 차장, 부장, 상무, 이사장까지 모두 함께 지는 것입니다. 이 얼마나 무겁고 중요한 자리입니까?

우리 금고는 누구 한 두 사람 개인을 위한 금고가 아닙니다. 1만여 회원이 주인인 금고이고, 20명 가까운 직원의 밥줄이 달린 직장입니다. 지금 내가 담당하는 일에 과연 나는 어떠한 자세로 임하고 있는지, 애써 고민한 흔적이 보일 수 있도록 말하고 행동할 것을 부탁드립니다.

사람은 관계 속에서 존재합니다. 생명이 있는 곳에는 갈등이 있기 마련입니다. 갈등은 개인적인 동시에 감정적인 면을 가지고 있습니다. 각 개인은 다르게 생각하고, 다르게 느끼고, 다르게 행동할 가능성이 큽니다. 그러므로 갈등 없는 조직은 건강하지 못한 조직입니다. 하지만 갈등을 최소화 하고 발생한 갈등을 치유하고 봉합하려는 마음도 매우 중요합니다.

조직 내 부정적인 영향을 최대한 줄이고 긍정적인 기능을 적극 발휘할 수 있도록, 상 하급자나 동료가 적극적으로 타협하며 보다 나은 길을 모색해야 할 것입니다. 조직 내부에 갈등이 있어 그 갈등이 생산성을 저해 한다면, 상급자가 먼저 나서서 갈등을 지혜롭게 치유하고 봉합해 주시길 당부 드립니다. 왜냐하면 상급자의 갈등은 자칫 하급자에게 폭력이 될 수도 있기 때문입니다.

나이가 많다고 모두 어른은 아닐 것입니다. 어른다워야 어른입니다. 그렇듯이 금고 내에서도 직위가 높다고 모두 훌륭한 직원은 아닐 것입니다. 훌륭한 직원의 요건은 각자가 생각하기에 달렸습니다. 아래 사람을 존중하고 먼저 모범을 보임으로써 부하 직원으로부터 존경받는 상사가 많아지면 좋겠습니다.

어떤 일을 행함에 있어서 과정이나 동기가 아무리 선해도 결과가 좋지 못하면 문제가 생깁니다. 또한 과정이나 동기가 악한데도 불구하고 결과가 좋다면, 그 또한 좋은 평가를 받을 수 없습니다. 결국 과정과 동기가 다 선하고 결과도 좋아야 합니다.

직무 내외를 불문하고 우리 조직과 임직원의 체면이나 위신을 손상하는 일이 없도록 품위를 유지하는데 각별히 신경 써 주길 바랍니다. 그리고 자기중심적인 관점에서 벗어나 상대의 마음과 조직의 뜻을 읽어내는 변화의 길에 자신 있게 서 주시기 진심으로 부탁드립니다."는 말로 강평을 마쳤다.

다시 말하지만, 감사의 판단이나 견해가 항상 옳은 것은 아니다. 피감기관 이사장과 직원의 인격을 최대한 존중하고 이야기를 경청하며 조직을 위한 애정을 바탕으로 나부터 먼저 기본과 원칙이 지켜지도록 해야 할 것이다.

번지점프

◇◇◇◇◇◇ 한 가지 목표를 향해 앞만 보고 달린지 어느새 십여 년이다. 리더십, 경제, 경영 등, 지도자가 갖추어야 할 자질과 덕목에 관해 생각하며 나를 되돌아보고 성찰할 수밖에 없었던 시간이었다.

그렇게 살펴보는 사이 나에게 부족한 점이 정말 많다는 걸 알게 됐다. 전문성을 갖추는 것이 실질적으로 업무를 수행하는데 얼마나 도움이 될지는 모르지만, 구체적이고 광범위한 경영 학습은 지도자가 되기 위한 최소한의 양심이며 의무라는 생각이 들었다. 한 조직의 리더가 되고 싶다는 사람이 대충 일을 맡아 할 수는 없는 일이다.

그래서 ㄱ 대학원을 찾아가 부족한 공부를 좀 더 하였다. 그 수업은 경영이론을 습득하는데 큰 도움이 되었다. 그러나 그것만으로는 흡족하지 않아 관련 분야에 대한 자료를 찾아보며 모자라는 부분을 차곡차곡 채웠다. 몸과 마음이 함께 단련되는 사이 자신감도 생겼다.

그러나 '세상을 더 크게 보면서 준비하라'는 지인들의 말씀 앞에서 나는 작아질 수밖에 없었다. 때로는 그 충고들이 서운할 때도 있었다. 나를 아끼고 나의 더 큰 미래를 위한 조언이 고맙기도 했지만, 세상을 어떻게 보는 것이 크게 보는 것인지 막연하기도 했다. 그렇다면 내가 준비하는 이사장 선거는 작은 일이라는 걸까. 그럼 다른 후보들도 이 작은 일에 왜 생사를 거는 걸까.

지역에서 함께 출마한 선배에게 통 큰 양보를 하면서 자네의 미덕을 갖추라고 애기해주시는 분도 있었고, 자네가 양보한다고 ㅈ 선배가 당선된다는 보장이 없을 뿐만 아니라 다른 지역에서 출마한 ㅂ 후보로부터 원망을 살 것이라고 얘기하는 분도 있었다. 또, 양보는 결코 미덕이 아니니 절대 양보하지 말라는 일부 대의원들의 얘기를 들으면, 마음이 더 혼란스러웠다. 더 큰 미래를 위해 내가 꼭 해야 할 일이 어떤 것인지 고민하는 사이 마음도 몸도 서서히 지쳐갔다.

서로 생각이 다를 수는 있겠지만 너무 각양각색이라 어느 공식을 대입시켜야 할지 알 수가 없고, 지금 이 상황을 내가 생각하는 퍼즐에 맞추자니 뭔가 제대로 잘 맞지 않는 느낌이었다.

이러한 혼란스러운 마음을 부여잡으려면 돌멩이나 쇠붙이보다 더 단단한 용기와 근성으로 무장된 강한 에너지가 필요했다. 그리고 이 상황을 얼른 극복하고 싶었다. 세상을 살아가려면 사람으로서 마땅히 지켜야 할 중한 의리와 떳떳한 명분이 있어야 하지 않겠는가. 그러한 의리와 명분을 위한 나의 길이 어떤 것인지 찾아야 할 것 같았다.

그 순간 머릿속을 번득 스치는 것이 있었다. 인터넷에 '번지점프'를 검색했다. '국내 최고 55미터 수상번지점프 가평탑랜드'라는 단어가 불쑥 눈에 들어왔다. 그래 가보자!

집사람과 함께 차를 타고 5시간을 달렸다. 차창 밖을 바라보며 달리는 차 안에서 여러 가지 기억이 떠올랐다. 인생의 큰 의미를 생각하고 내 분수를 지켜 정도에 어긋나지 않도록 하는 것이 어떤 길인지 고민하며 이사장 선거를 준비하고, 매순간 최선을 다해 한 땀 한 땀 엮어온 소중한 시간들이었다. 그리고 그 때 그 결정이 과연 옳았는지 의문이 들기도 하지만, 지역의 선배나 어르신들의 말씀을 거역하지 않으려고 나름대로 노력한 나 자신이 한편으로는 대견스럽기도 했다.

이런 저런 생각을 하는 사이 남이섬 입구에 도착했다. 아래에서 번지 점프대를 올려다보니 아득하기만 했다. 간신히 번지점프대에 올라서는 순간, 심한 공포감이 나를 엄습했다. 그런데도 번지점프대에서 보는 하늘은 여전히 손에 닿지 않는 저 먼 곳이었다.

번지 점프 요령에 관해 교관의 교육을 받았다. 교육을 받는 순간에도 교관의 목소리가 귀에 잘 들리지 않았다. 어떻게 뛰어내릴까 하는 두려움에 가슴이 쿵쾅거리고 다리가 후들거렸다. 몸무게를 재고 그에 맞는 번지코드를 몸에 맸다. 교관은 최종점검을 한 후 내 허리에 코드 줄을 연결했다.

"5, 4, 3, 2, 1, 번지! 하면 뛰어내립니다. 김정화님, 준비됐습니까?"

"예, 준비됐습니다." 힘차고 결기 있게 대답했다.

교관의 단호한 목소리가 들렸다.

"5, 4, 3, 2, 1, 번지!"

하늘과 땅을 번갈아 쳐다보며 소리쳤다. 그리고 몸을 날렸다. 이

제 꿈이 아닌 현실이다. 하늘 아래 세상에 나를 던진 기분이었다. 짜릿한 기운이 온 몸을 휘감았다.

한 번 내려왔던 번지 줄이 다시 하늘로 향하는 순간 기도했다. '삶의 알맹이를 담으러 왔습니다. 사회의 관념과 제 생각을 맞바꾸게 될 격랑을 다스릴 용기가 필요합니다. 신이시여, 저에게 힘을 주소서.'

땅에 발을 딛고 나서 다시 올려다 본 번지점프대는 그리 높지도 멀지도 않아 보였다. 또 다른 나를 발견한 것 같았다. 남이섬을 산책하는 내내 침묵했다. 집사람이 왜 말이 없느냐고 물었다. '말을 해버리면 마음이 공허할 것 같고, 이 기분을 좀 더 가지고 있고 싶어서…'라고 답했다.

둔하고 녹슨 칼이건 진검이건 그건 모두 내 마음에서 나온다. 인생을 길게 보면서 가되 나의 정체성과 신념을 믿어야 한다. 나를 짓누르고 있던 무거운 생각의 뭉치를 던져버린 번지점프였다. 참으로 홀가분했다.

끝없는 배움의 길

◇◇◇◇◇◇ 2014년 2월, ㄴ 대학 전공 심화과정인 비즈니스 사무학과로부터 출강 제의를 받았다. 과목은 인사관리론이었다. 새마을금고 근무 당시 울산, 경남에서 금고 직원을 대상으로 공제마케팅에 관한 강의를 한 적은 더러 있었지만, 대학 강단에서 학생들에게 학문을 가르치는 것은 처음이었다.

경영이론을 조금 접하기는 했지만 사법행정학을 전공한 사람이 경영학 과목을 강의한다는 것 자체가 부담스러운 일이었다. 그 강의를 맡기에는 그 분야에 대한 능력과 지식이 부족하다는 생각이 들었기 때문이다.

학생들에게 부끄럽지 않도록 강의를 할 수 있을지 걱정이 앞섰다. 자신감을 갖고 학생들을 만나려면, 내가 체계적으로 제대로 된 준비를 해야 한다. 학생들에게 잘 전달하기 위해 내가 먼저 인사관리 분야에 대한 학문적인 에너지를 충전해야 할 것이다.

이를 확대 재생산 시켜 지적 에너지로 승화시켜 나가는 것이 내가 꿈꾸는 삶, 궁극적으로 내가 원하는 곳에 도달하기 위한 과정이라는 생각이 들었다. 교재를 준비하고 3월의 첫 강의를 위해 며칠

밤샘을 했다. 그만큼 기대와 설렘이 컸다.

인사관리는 조직의 능동적인 구성 요소인 인적 자원으로서의 종업원이 잠재능력을 최대한 발휘하게 해 그들 스스로 성과를 최대한 달성하도록 하며, 그들이 만족을 얻게 하려는 일련의 체계적인 관리활동이다.

인사관리도 인간을 그 연구대상으로 삼는 것이므로, 인사관리론을 강의할 때 사람 중심의 인문학과 철학을 가미해 수업이 너무 딱딱해지지 않도록 신경을 썼다. 무엇보다 통찰과 사유를 통해 우리가 지나온 길을 함께 돌아보며 재미있게 수업을 진행하고 싶었다.

2학기 때는 '기업경영실무'를 강의했다. 1학기 때 '인사관리론'을 강의한 경험이 도움이 되었다. 지난 학기보다 조금 더 강의 체계가 잡히고, 보다 안정적으로 강의를 할 수 있게 된 것 같았다. 기업조직 경영의 다양한 사례를 학생들과 함께 구체적으로 살펴보며, 경영 책임자의 경영 마인드를 점검하고 평가할 수 있는 소중한 기회였다. 앞으로 내 삶에도 큰 자산이 될 것이라 여겨졌다.

그 다음해 1학기에 맡은 '부동산 관리론'은 다른 과목보다 마음이 좀 편했다. 우선 실무적으로 나와 관련이 깊고 학문적으로도 민법 중심이라 내 전공과도 밀접한 과목이었다. 그렇다고 강의를 허투루 준비할 수는 없는 일이었다. 해를 거듭할수록 학생들에게 더 유익하고 재미있는 강의를 하고 싶다는 욕심이 더해져서 더 자세히 더 꼼꼼하게 강의 준비를 할 수밖에 없었다.

강의 3년차에 접어들게 되자 비로소 약간의 정신적인 여유가 생기게 된 것 같았다. 같은 과목을 반복해서 강의하기 때문이기도 하겠지만, 무엇보다 학생들과 조금씩 더 가까워진 것 같은 느낌이 긴장감을 덜어주었다.

가르친다는 것은 겸손함이 바탕이 되어야 하는 끝없는 배움의 길이다. 또한 변화하는 세상에 감동하며 학생들과 함께 한 단계 더 성숙하기 위한 훈련이기도 하다. 우리 사회의 주역이며 내일을 책임질 학생들과 함께 공부할 수 있는 기회가 내게 주어진 것에 그저 감사할 뿐이다.

지금도 그때 같이 공부했던 몇몇 사람들과 소주 잔을 기울이며 마음을 열고 속얘기를 나누곤 한다. 그들이 지금은 나의 스승이 되어 개개인의 가치와 존엄성을 존중하며 우리 사회의 공동선을 함께 추구하고 있으니 고맙기 그지 없다.

아버지

◇◇◇◇◇◇ 4남 2녀 중 장남이었던 아버지는 할아버지가 돌아가시자 빚 받으러 온 사람들 때문에 어려움을 많이 겪으셨다고 한다. 아버지는 1953년에 수산고등학교를 졸업하셨는데, 원하던 대로 뱃사람이 되지는 못했다.

없는 살림에 농사일을 하며 할아버지께서 진 빚을 갚아야 했으니, 아버지가 가장으로써 짊어져야 했던 짐이 얼마나 버거웠을지 짐작이 되고도 남는다. 아버지가 가족들의 생계를 책임지고 어렵게 우리 육남매를 키우시던 모습이 지금도 눈에 선하다.

아버지와 함께 고등학교를 졸업한 친구나 선후배들이 대부분 원양어선에 승선해 큰돈을 벌거나 개인 사업을 하며 비교적 안정된 생활을 한다는 얘기를 들을 때면, 우리 아버지만 그렇게 되지 못한 것이 속상했다.

아버지는 배를 타고 싶었지만, 색깔을 구별하지 못하는 색맹이어서 승선 신체검사에서 탈락하는 바람에 원양어선을 타지 못하셨다고 한다. 그러나 아버지의 삶을 이해하는데 그것만으로는 부족했다. 주변 사람들의 삶을 통해 집안 살림살이가 나아질 수 있는 여러 가지 방법이 있다는 것을 어린 나도 익히 보아왔기 때문이다.

아버지는 가족을 먹여 살려야 된다는 책임감은 강한 분이었지만, 요령이 부족하신 것 같았다. 그런 아버지를 보며, 열심히 산다고 잘 사는 게 아니라 생산적이고 능률적인 삶을 살아야 한다는 생각이 든 적이 많았다.

집안이 어렵다 보니 수업을 마치고 집에 돌아오면 내가 해야 할 일들이 쌓여 있었다. 일을 너무 많이 하다 보니 다음 날 아침에 코피를 흘릴 때가 한두 번이 아니었다.

그러나 아버지의 삶의 방식 때문에 누구보다 힘겹게 살아야 했던 분은 어머니였다. 낮에는 버거운 농사일 때문에 힘들었고, 밤이면 술 취한 아버지의 과격한 넋두리를 참고 견뎌야 했기 때문이다. 아버지가 술이 취해 들어오는 날이면, 우리는 아버지 앞에 불려가 훈계를 듣거나 이불속에서 자는 척 숨죽이고 있기 일쑤였다. 그럴 때는 아버지가 너무나 무서웠다.

그런데도 아버지를 가장 많이 이해한 사람은 어머니였다. 이해하려고 노력한 것인지, 그러려니 하고 체념을 한 것인지 알 수 없지만, 아버지에 대해 원망이라도 할라치면 어머니는 늘 이렇게 말씀하셨다.

"정화야, 아부지가 얼마나 힘들면 그러것나? 니가 이해해라. 할아버지 돌아가시고 빚 받으러 찾아온 사람들 빚을 다 갚아주다 보니 너거 아부지도 힘들어서 그런다 아니가. 너들 잘 키우고 싶은데 마음대로 안 되니까 그러는 기다. 그래도 넘한테 손가락질 안 받고 할 소리 제대로 하고 산다 아니가."

그런 어머니 말씀을 들으며 자식인 나보다 더 힘들고 고통스러운 어머니의 마음이 느껴져 나는 더 이상 불평을 할 수 없었다. 그리고 그럴 때마다 자식 된 도리를 해야겠다고 다짐했다. 아버지에 대한 고마움보다 안쓰러운 어머니에게 작으나마 무엇이라도 해드리고 싶은 마음 때문이었다. 어머니의 눈물은 나에게 아픔이었고 마음의 짐이었다.

세월이 흘러 가정을 갖고 자식을 낳아 기르다보니 지난날 아버지에 대한 생각이 많이 달라지긴 했다. 어릴 적부터 이웃 어른들로부터 의젓하다는 얘기를 들으며 자랐는데, 이제 보니 엄한 아버지 밑에서 자라온 덕분이 아닌가 하는 생각도 들었다. 그런 칭찬들이 내가 성장하는데 얼마나 소중한 자양분이 되어주었는지 모른다.

돌아보면 지난날이 아쉽고 원망스럽기도 하지만, 그 과정을 통해 실패와 고통, 희망과 용기, 도전과 성취를 배운 셈이니 다 나의 소중한 자산이라 여겨진다. 그 모든 것을 아버지로부터 물려받았다는 생각이 들 때면 가슴이 먹먹해진다. 아버지의 삶을 이제야 비로소 온전하게 바라볼 수 있게 된 것이다. 때때로 아버지가 얼마나 외롭고 적적했을까 싶으니 죄지은 사람처럼 숙연해질 때도 있다.

몇 달 전의 일이다. 회의를 끝내고 확인해보니 부재중 전화가 몇 통 들어와 있었다. 부모님께서 계시는 집 전화번호였다. 연이어 막냇동생에게서 전화가 왔다.

"형님, 아버지가 대학병원 응급실에 와 계십니다."

아버지께서 몸이 불편하다고 하셔서 며칠 뒤에 병원에 모시고 가기로 했는데 그 사이 이런 일이 벌어진 것이다. 회의장을 빠져나와 곧장 병원으로 향했다. 병원은 여느 때와 달리 멀게만 느껴졌고, 별의별 생각이 다 났다. 병원에 도착해 응급실에 계신 아버지를 뵙게 되니 진작 모시고 오지 못한 것이 죄송스럽기만 했다.

병원에서는 췌장에서 담즙이 분비되지 않아 호흡곤란 증세가 온 것이라며 응급처치를 하겠다고 했다. 호흡기 안으로 내시경 호스를 넣어 췌장의 담즙이 분비되도록 하는 시술인데 30분이면 된다고 했다.

그런데 한참을 기다렸는데도 소식이 없더니, 간호사가 급히 보호자를 찾았다. 주치의는 모니터를 내게 보여주며 췌장과 담도, 십이지장에 암세포가 전이되어 내시경 호스가 비집고 들어갈 공간이 없어서 이 시술 자체가 불가능하단다.

하는 수 없이 시술을 포기하고, 급히 옆구리 쪽으로 관을 넣어 응급처치를 마쳤다. 그리고 혹시나 하는 마음으로 판독 결과를 조심스럽게 기다렸다. 주치의는 조직검사 결과만 봐도 악성 종양이라며. 아버지께 남아있는 시간이 그리 길지 않다고 했다.

아버지를 병원에 입원시켜드리고 돌아오며 황망한 마음을 주체할 수가 없었다. 무얼 어떻게 해야 하는지, 아버지가 없는 세상이 있기나 한 것인지 두렵고 혼란스러웠다.

병원에서는 전이된 장기 세 곳을 모두 적출하는 수술을 한 번 해보자고 제안했다. 10시간이 넘는 수술을 고령인 아버지가 견딜 수 있을지, 수술 후 항암치료가 가능할지도 미지수였다. 어떻게 해야 할지 너무 혼란스러웠다.

“아버지 더 큰 병원에 가서 수술을 한 번 해보시는 것이 어떻겠습니까?” 하고 여쭤보았더니 아버지는 한참동안 생각하시다가 “집으로 갈란다.” 하신다. 결과를 확신할 수 없는 긴 수술을 감당할 자신이 없으신 것 같았다.

아버지가 원하시는 대로 집으로 돌아온 후 아버지는 삶을 조금씩 정리하시는 것 같았다. 그동안 소원했던 사람들에게 죄송하다는 말씀도 하시고, 서먹했던 자식과도 마음을 열고 얘기를 나누며 좀 더 가까이 다가가는 시간을 갖기도 하셨다. 그런 아버지를 바라보고 있으면, 만감이 교차했다. 아버지가 어려워서 따뜻한 말 한 마디 마음 놓고 건네지 못했던 지난날이 아쉽고 안타까웠다.

200여 일 동안 여러 차례 병원과 집을 오가는 사이 아버지는 점차 야위어갔고 곁에서 간호하시는 어머니도 병이 날 것 같아 보였다. 무더운 여름이 지나고 가을바람이 느껴질 무렵 병원에서 호스피스 병동 얘기를 들었다. 임종을 앞둔 말기 암 환자가 단순히 수명을 연장하기 위한 치료보다 인간의 존엄성을 잃지 않도록 통증을 줄여주고 평안한 임종을 맞을 수 있게 심리적으로 돕는 곳이라고 했다.

그런데 환자의 동의가 필요하므로 보호자가 아버지의 의사를 확인해달라고 간호사가 요청했다. 그러나 차마 내 입으로 직접 아버지에게 여쭤볼 용기가 나지 않았다. 그러던 즈음 극도로 쇠약해진 아버지께서 집으로 가길 원하셨고, 병원에서도 더 이상 입원 기일을 연장하기 어렵다 하여 집으로 모시고 왔다.

그 후, 아버지의 병환을 살피러 집에 들를 때마다 점차 꺼져가는 촛불을 보는 것 같았다. 그날은 9월 13일, 음력으로 8월 4일 목요일이었다. 어머니로부터 전화가 왔다.

“집에 좀 와보게!” 어머니의 목소리가 떨리고 있었다.

전화를 끊고 곧장 아버지께 갔다. 숨결이 거칠어진 것 같지는 않았지만, 지금까지 본 적이 없는 모습이었다. 십여 초 간격으로 날숨만 쉬시기에 아버지의 손을 부여잡고 아버지! 아버지! 부른지 한 시간이 조금 더 지났을까. 숨소리가 점점 작아지더니 오후 3시 20분, 이윽고 숨소리가 들리지 않았다. 대지를 적시던 가을비가 어느새 세차게 땅을 두들기기 시작했다.

한평생 격렬하게 저항하며 외로움을 표현하셨던 아버지, 할 말 못하고 마음속으로 울음을 삼키며 살아오신 아버지는 그렇게 우리 곁을 떠나셨다. 무겁고도 힘겨운 이름, 아버지. 그러나 누가 뭐라고 해도 아버지는 나의 작은 영웅이었고 내 삶의 뿌리였다는 것을 고백하지 않을 수 없다. 이제 모두 다 내려놓으시고 외롭지 않은 곳에서 부디 편히 잠드소서. 아버지, 사랑합니다.

달팽이처럼

◇◇◇◇◇◇ 물이 깊어야 배를 띄우는데, 그동안 정작 물은 채우지 못한 채 배를 만들어왔던 것은 아닐까. 뭍에서 배를 띄우려 한 격이나 다름없으니, 여러모로 부족했다는 걸 인정하지 않을 수 없다.

그러고 보니 올려다볼 줄만 알고, 아래를 제대로 보지 못한 나날들이었다. 그래서 시간을 앞질러 가보겠고 용쓰며, 치열하게 사는 것만이 의미 있는 일이라고 생각하며 살아온 것 같다.

잠시 걸음을 멈추고 심호흡을 하며 한걸음 물러서는 것이 도약을 위한 발판이라는 생각이 불현듯 들었다. 그래, 이제라도 잠시 휴식 시간을 갖도록 하자. 그래서 나선 여행길이었다.

길을 나서니, 모든 것이 새롭다. 물빛이 고은 제주 세화해변 카페 공작소에 남아있는 여행객들의 자취가 눈길을 끈다. 감성적인 문구들이 견문을 자극하는 달콤한 미끼 같다. 세월을 유람한 기록이 담겨있는 숱한 메모장들을 읽으며 깨알 같은 깨달음을 얻게 된다.

메뉴판 옆에 주인장이 써놓은 듯한 '절대 정숙'이라는 소박한 경구가 재미있다. 찻집에서 정숙하라니! 어쨌든 그 경구 덕분에 더

은밀하게 얘기를 나눌 수밖에 없다. 자리를 옮기면 또 다른 즐거움이 기다리고 있을 것 같아 기대가 된다.

추적추적 내리는 비를 맞으며 '샤려니 숲길'을 걸었다. 초록 나무들과 갈색 흙길이 자연의 숨소리를 들려주고 있었다. 풀잎을 기어오르는 달팽이가 눈길을 사로잡는다.

손가락으로 살짝 건드린 후 긴 시간 동안 기다려보았지만, 달팽이는 까딱도 않는다. 그렇구나. 삶을 아름답게 만드는 풍경은 이렇게 기다리는 긴 시간 속에서 빚어지는 것이라는 생각이 문득 든다.

달팽이조차 한 걸음 멀찌감치 물러나 바라보지 못하는 내가 돌연히 부끄러워진다. 지난 세월동안 세상을 관조하지 못했던 기억들이 낱낱이 겹쳐지며 얼굴이 달아오른다. 살아가기 위한 도구나 수단을 갖추느라 늘 바빴고, 사람의 마음을 얻는 것은 또 얼마나 어려운 일이었는지……. 그러는 사이 세월은 흘러 어느새 쉰 두 살이 되었다.

나는 과연 어떤 사람인가. 마음에 담아두었던 소망, 미련, 애증 같은 것을 잠시 더듬어본다. 마음을 그토록 저미게 했던 지난 기억을 벗어나지 못한 채 지금껏 사로잡혀 있었던 것은 아닌지 나 자신에게 묻고 또 물어본다. 어쩌면 차곡차곡 쌓아왔던 것들이 아무것도 아닌 게 돼버린다면 그 또한 슬픈 일이라는 생각도 든다.

그러나 남들이 남긴 흔적이 나의 아킬레스건을 건드렸을 때 통증을 느낀다면, 그건 상대방의 문제가 아니라 나의 문제이다. 안다는 것은, 나 자신의 미련함과 우악스러움을 아는 것이지 상대방의 무지를 찾는 일이 아니다. 모든 것이 나로부터 시작되는 것이니 내가 달라지면 함께 달라질 세상이다.

곧게 뻗은 삼나무들은 센 바람에도 아랑곳 않고 굳세게 끄떡없다. 깊은 뿌리로부터 이어져 온 나무의 힘이 내게도 느껴져 깊은 감동을 준다. 나무 아래 피어있는 꽃들도 눈길을 끈다.

'삶이란, 내 삶의 고통을 녹여 아름다운 유골을 만드는 달팽이의 느릿한 시간'이라는 말이 생각난다. 그래, 최우선인 것이 무엇인지 당장 판단이 서지 않으면, 쉽사리 결정을 내고 아슬아슬하게 살아가기보다 좀 더 기다리자. 분별이 잘 되지 않는 생각의 곁가지들은 털어버리고, 느리더라도 좀 더 여유를 가지도록 하자.

여행은 또 다른 기회를 선물해주었고, 외로움을 위로해주었다. 그리고 잠시 걸음을 멈춘 사이 그동안 보지 못했던 것을 비로소 볼 수 있었던 시간이었다. 며칠 동안이지만 먼 길을 돌아온 것 같다.

첫 마음처럼 옹골차게

◇◇◇◇◇◇ 15년 전 고시원 쪽방 생활은 외롭고 적적했다. 쓸쓸함을 견디며 다짐했던 각오는 도리를 깨쳐 앎을 찾는 것이었다. 어둠이 깊을수록 별들은 더 밝게 빛날 것이라 믿으며 마음 한가운데 내 중심을 잡아줄 비수를 꽂고 지금 해야 할 일과 앞으로 겪을 일들을 차근차근 준비했다.

세상과 나를 잇는 동아줄을 굵고 튼튼하게 꼬았다. 무엇이 될 것인지 스스로 정하는 마음이 중요하고, 그것을 마음먹은 대로 실천하는데 지극해야겠다고 기꺼이 다짐했다. 이를 명확하게 인식하려 애쓰며 옹골차게 맹세하고, 또 맹세했다.

그런데 간절했던 그 첫 마음을 온전히 간직하고 있으면 좋겠는데 언제부터인지 단단했던 그 마음이 스멀스멀 풀려버린 것 같다. 처음부터 끝까지 변함없을 것이라며 다잡았던 마음이 느슨해지고 희미해져버린 것이다.

왜 이렇게 된 것일까. 벅찬 일을 잘 견뎌내려면 타인의 시선으로 나를 들여다봐야 하는데, 나의 시선으로 남을 보려고만 했던 것은 아니었을까. 지금까지 일구어 놓은 것들에 대한 고마움을 귀하게 생각하지 못한 탓은 아닐까. 그동안 맺어왔던 인간관계에 대해 놓친 것은 없는지 살펴보고 한 번 더 겸손한 마음으로 챙겼더라면 좋았을 텐데…….

분수에 넘치게 더 나은 것을 누리고자 욕심을 부린 것은 아닌지 부끄럽다. 내 방식대로 받아들이고, 갈피를 잡지 못해 잘못 이해하게 되면 처음 다짐했던 마음은 나도 모르는 사이 서서히 무뎌지게 마련이다. 초심은 남을 존중하고 자기를 내세우지 않는 태도에서 유지되는 것이다. 처음 먹었던 마음이 흔들리거나 변한다는 것은 겸손을 잊었다는 것이다.

선거 결과도 그 예를 증명한 적이 많았다. '사람은 권력을 가질수록 타인에 대한 공감 능력이 떨어진다'는 연구 결과가 있다. 미국 노스웨스턴대학교 애덤 갈린스키 교수가 '심리과학' 학술지에 밝힌 내용이다.

사람은 저마다 신분에 따라 짊어져야 할 책임이 있으며 그 도리와 의무를 다해야 한다. 그런데 권력에 취해 본분을 소홀히 여기는 사이 타인에 대한 공감 능력이 떨어지게 되고 만다.

무슨 일이든 시작할 때부터 넉넉한 상태로 만족스러운 경우는 없다. 게다가 일을 진행하다 보면 여러 가지가 뒤얽혀 복잡한 사정이 생기기 마련이다. 그런데 그 모든 일들이 남 탓이 아니라 내가 초래한 것이라고 생각하면 소통의 환풍구가 보일 것이다.

한결같은 마음으로 살아가기란 쉬운 일이 아니다. 그러나 초심에 문제가 생기면 안 된다. 가장 큰 스승은 자기 자신이란 것을 결코 잊어서도 안 될 것이다. '처음처럼'이란 말 속에는 설렘과 두려움이 들어 있다. 그리고 삶의 흔적을 끊임없이 반성하고 살펴보겠다는 다짐도 들어있다. 첫 마음을 잃으면 처지가 어렵게 될 수밖에 없다. 자리가 사람을 만들기도 하지만, 자리가 사람을 버리기도 한다. 자리가 사람을 만드는 경우는 초심을 지킨 경우이고, 자리가 사람을 버리는 경우는 초심을 잃은 경우이다.

풍요롭던 잎들이 낙엽이 되더니 어느새 가을도 저물었다. 차 한 잔 함께 나누고 싶은 사람, 찻잔의 향기보다 사람 향기가 더 그득한 사람, 더불어 살아가고 싶은 사람이 되어야겠다. 그러기 위해 다시 가난한 마음이 되어야 한다. 그 마음으로 오래도록 귀하게 남을 수 있는 것들을 지켜내야겠다.

그리고 뿌리가 흔들리지 않는 나무의 마음으로 늘 푸르게 살아야겠다. 사람의 역사는 수많은 '처음'으로 만들어진다. 막막하기만 했던 15년 전 고시원 쪽방에서의 다짐을 기억하며 그 때로 돌아가야겠다. 그래보자. 처음 먹은 마음처럼 옹골차게 살아보기로 하자.

2부

되돌아보면 그때가 봄

마음먹기 달렸다

◇◇◇◇◇◇ 사람들이 살아가는 모습을 가까이서 들여다보면, 나만 고된 것이 아니구나 하는 생각이 절로 든다. 누구나 인생의 무거운 짐을 지고 비틀거리며 살아간다. 괴로운데도 발붙일 곳조차 마땅치 않을 때가 많다. 세상에는 빛과 그늘이 있어서, 살아가며 부딪치는 일들이 간단하지가 않다.

복잡 미묘한 일들과 부딪히며 살아야 하는 게 삶이라면, 생각을 바꿔볼 필요가 있다. 자기중심적인 생각에서 벗어나 다른 시각으로 폭넓게 헤아려 보자. 그래야 지혜를 모아 방법을 찾을 수 있을 것이다. 일상 속에서 가치 있는 일을 지속적으로 하며 의미 있는 결과물을 만들어 내기란 쉽지 않은 일이다.

하루가 모이고 모여, 한 생애를 이룬다. 내가 머물러 있는 자리를 돌아보며 매일 10분씩이라도 다가올 미래를 마음속에 그려보는 시간을 가진다면, 내일은 오늘보다 더 나은 나날이 되지 않을까.

자기 눈에 든 들보는 보지 못한 채 남의 눈의 티끌을 찾으려고 혈안이 된 사람들을 보듬을 수 있는 마음의 여유가 없는 것도 나의 내면의 문제인 것 같다.

나관중의 '삼국지연의'에 '봉산개도 우수가교逢山開道 遇水架橋'라는 말이 있다. 조조가 적벽대전에서 오나라 유비에게 처참하게 패하고 도망가던 중에 부하들이 사방이 산에 막혀 도망갈 곳이 없다고 보고하자, 호통을 치며 했던 말이라고 한다.

조조는 "군대는 산을 만나면 길을 만들고, 물을 만나면 다리를 놓아 행군하는 법이다. 진흙 구덩이쯤 만났다고 행군을 못한다는 것이 말이 되느냐"며 "흙을 나르고 섶을 깔아 구덩이를 메우고 행군하라!"고 명령했다.

역경에 굴하지 않고 노력한다면 넘지 못할 파도가 없으니, 희망을 잃지 않고 최선을 다하는 자세가 중요하다는 얘기이다. 간절한 기도에 하늘이 응답을 해주면, 운명을 이길 수 있을 것이다.

그러나 원하는 것이 지극하다고 해서 무작정 이루어지지 않는 게 삶이다. 그럴 때면 과거의 나쁜 습관을 버리지 못한 탓이 아닌지, 자신의 내면부터 들여다봐야 한다. 내가 나 자신을 사랑하는 게 우선이다. 누구에게나 인정받고 사랑받는 사람은 없다.

내가 처한 현실 속에서 균형감을 갖고 책임을 다하며 바람직한 습관을 가지려고 노력해야 한다. 사람은 누구나 생득적 행동능력을 갖고 있는데, 바로 본능이다. 본능은 늘 위험을 안고 있으므로 주의해야 한다. 사람의 몸은 참으로 소중한 도구이지만, 때로는 패착이 되기도 하기 때문이다.

생각과 감정과 행동은 연쇄적으로 작용을 하게 마련이며, 마음 가는데 몸이 가듯이, 몸이 가는데 마음이 따르게 되는 수도 있다. 인간의 정신은 한 방향을 가리키면 그 방향으로 움직이려 하고 그것을 실현시키려고 한다.

목표가 있으면, 소신을 가지고 좌표에 집중해야 한다. 세상 어디에도 넘지 못할 벽은 없다. 삶은 고해다. 그러나 마음먹기에 달렸다. 고통과 환희는 공존하고 있는 것이기 때문이다.

코닥의 파산이 주는 교훈

◇◇◇◇◇◇ "당신은 찍기만 하세요, 나머지는 저희가 알아서 하겠습니다." 130년간 필름의 대명사였던 코닥 광고 카피이다.

코닥KODAK은 알파벳 K가 앞뒤에 반복해 있다. 창업자인 조지 이스트먼은 알파벳 'K'가 시각적으로나 청각적으로 소비자에게 강한 인상을 심어준다고 생각하여 브랜드 이름 앞뒤에 'K'를 붙여 'KODAK'이라는 이름을 만들었다고 한다.

제품 포장제의 색깔을 성공적으로 활용한 사례도 코닥이 대표적이다. 소비자들이 제품을 선택할 때 가장 큰 영향을 끼치는 요소 중 하나가 색깔인데 그 점에서 마케팅 전략도 주효했다.

코닥은 사진이 전문가의 전유물이 아니라는 인식을 심어주고 대중에게 사진과 카메라를 급속도로 전파시켜 왔다. 그리고 1975년에 세계 최초로 디지털 카메라를 개발하고도, 기존 아날로그 필름 시장을 지키기 위해 이를 상용화하지 않았다. 그들에게는 필름 산업이 더 매력적으로 보였고 영원할 것이라 생각했기 때문이다.

디지털 카메라가 출시되면 필름과 인화지가 더 이상 필요 없게 된다는 역량 파괴적 환경 변화를 외면한 것이다. 자신이 개발한 디지털 카메라 때문에 파산에 이르게 되었으니, 참으로 아이러니가 아닐 수 없다. 시장의 변화를 무시한 채 집착을 버리지 못하고 과거 방식을 그대로 답습하는 타성에 젖어 결국 파산에 직면하게 된 것이다. 경영 환경이 변하면 전략과 경쟁력도 혁신해야 하는데, 그렇게 하지 못한 탓이다.

이집트는 나일강이 범람하기 때문에 태양력과 기하학, 건축술, 천문학이 발달했다고 한다. 영국의 역사학자 토인비는 이러한 인간의 역사를 '도전과 응전'의 원리로 설명했다. 자연의 도전에 대한 인간의 응전이 인류의 문명과 역사를 발전시키는 바탕이 되었다고 본 것이다.

인류의 역사가 '도전과 응전'의 역사라면, 기업조직의 역사는 '위기와 대응'의 역사이다. 개인의 삶도 마찬가지다. 실로 수많은 도전과 직면하고 있으며 제대로 응전하지 못할 경우 위협을 받거나 상처가 남는다.

환경은 고정되어 있지 않고 늘 변한다. 대응을 게을리 하면 침체의 늪으로 빠져들 수밖에 없다. 시장 변화에 능동적으로 대응하지 못하면 기업은 망하게 된다. 예외는 없다.

그럼에도 불구하고 '나는 괜찮겠지, 우리는 예외야'라고 생각하는 조직 구성원들이 아직 많다. 그들은 늪의 깊이를 모르기 때문에 바닥을 칠 때까지 계속 더 내려간다. 변화의 필요성은 인식하지만, 몸이 말을 잘 듣지 않아 신호를 외면한 채 머뭇거린 탓이다.

변화는 불편하고 귀찮다. 사람은 편안함을 느끼는 구역, 컴포트존comfort zone, 안전지대에 머무르기를 원한다. 그 안에 머물 때면 느긋해지고 긴장감이 사라지며 두려움도 느끼지 않기 때문이다.

그러나 편안하게 일을 대충 하게 만드는 '컴포트 존'에서 빨리 벗어나야 한다. 기업조직에만 국한된 것이 아니다. 삶 자체가 비즈니스 아닌가. 마음속에 새로운 공간을 만들고, 그 속에 변화와 혁신의 아이콘을 채워야 한다.

20세기의 마음가짐으로 21세기를 살아갈 수는 없다. 세상은 바삐 앞을 향해 나아가고 있다. 그런데 변화하지 않으면 그 자리에 멈춰 있는 것이 아니라, 뒷걸음질을 하는 것이다.

옳은 길이 아니면 가지 마라

◇◇◇◇◇◇ 한국 경제계의 주요 고비마다 선제적 대응으로 기업을 이끌며 '정도 경영과 인화의 원칙'을 강조한 재계의 어른이었던 LG그룹 구본무 회장이 타계했다.

고인은 LG 창업주인 구인회 회장의 손자이자 구자경 명예회장의 장남이었지만, LG화학 심사과장으로 LG 업무를 배우기 시작했다고 한다. 현장에서 몸소 부대끼며 아랫자리에서부터 직접 일을 배우겠다는 신념이었으리라고 짐작한다.

그는 20년 동안 차근차근 기업경영의 지식과 교양을 쌓아 LG그룹의 지휘봉을 잡았다. 기업경영의 올바른 좌표를 제시해준 분이었고 우리 사회의 힘없고 약한 자를 보살핀 의로운 사람이었다. 그리고 나만을 위한 세상을 만들려고 하지 않고 더불어 살아가는 모든 사람들을 위한 세상을 만들려고 불편함과 고단함을 자초했다.

대다수 기업 오너들은 적은 지분으로 순환출자를 통해 그룹을 지배하는 방식의 황제 경영을 해오고 있다. 그러나 고인의 기업은 국내 최초로 지주회사 체제로 전환했다. 겉만 번드레한 경영자와는 달리, 신의 있고 정직한 기업인의 진면목을 보여준 것이다.

고인을 생각하면 생애와 업적을 통해 추출되는 키워드가 여럿 있다. '정도 경영', '가치 창조', '애민', '의인상', '화담'이 그것이다.

특히 '정도 경영'이란 단어에서는 꾸준히 실력을 길러 올바른 길 또는 정당한 도리로 정정당당하게 승부하겠다는 그의 소신이 느껴진다. 창업정신을 바탕으로 자신의 경험과 윤리적인 철학이 접목되어 계승 발전된 것이 그의 경영철학이다.

'가치 창조'를 통해 그는 사회와 직원들, 그리고 LG제품을 사용하는 소비자에게 도덕적 의무와 책임감을 다하고자 노력했다. 원칙과 기준에 따라 투명하고 공평하게 기회를 제공하고, 공정하게 대우하고자 했다. 그리고 사물이 지니고 있는 쓸모를 고민하며, 사람들과의 관계를 통해 참뜻을 펼쳐 나가고자 한 것이다.

'애민'은 경영 이념인 '고객을 위한 가치 창조와 인간 존중의 경영'을 떠올리게 한다. 나의 이익을 위해 남의 고통을 무시하거나 모른 채 하지 않겠다는 것, 그리고 사람을 소중히 여기고자 하는 그 마음가짐이 필자의 마음도 따뜻하게 만든다. '기업이 국민과 사회로부터 인정받고 신뢰를 얻지 못하면, 영속할 수 없다'는 고인의 말씀이 새삼 떠오르는 대목이다.

'LG 의인상'은 국가와 사회 정의를 위해 자신을 희생한 평범한 사람들을 소중히 여기는 마음이다. 세월호 사고 수습 중 헬기 추락사고로 순직한 소방관의 유가족, 비무장지대 지뢰 폭발로 다리를 잃은 장병의 치료 등, 남모르게 보살펴온 우리 사회 의인이 72명이다. 기업이 그동안 국민으로부터 받은 신뢰와 사랑을 그 분들에게 사회적 책임으로 보답하겠다는 취지로 실행해온 것이라 여겨져서 절로 숙연해진다.

'화담'은 정답게 이야기를 나눈다는 뜻을 가진 구 회장의 아호이기도 하다. 그는 생전에 깊은 애정을 갖고 '화담숲'을 조성했다고 한다. 숲길을 거닐며 생각을 정리하고, 사업을 구상하였다고 하니, 초목을 가까이서 바라보며 사물의 본질이나 본바탕을 잃지 않으려는 뜻이 아니었을까 싶다.

우리는 준비가 덜 된 사람들이 기업가의 자리에 앉아 휘두르는 지휘봉의 폐해가 얼마나 큰지, 익히 알고 있다. 그래서 그의 업적과 생애를 되짚어보는 이 시간이 더 뜻깊고 소중하게 느껴지는 지도 모른다.

일부 대기업 오너 일가의 갑질로 씁쓸하고 언짢은 요즈음, 옆집 할아버지처럼 따뜻했던 고인의 모습은 우리 사회에 큰 울림을 주고 있다. 사회적으로 높은 위치에 있는 이가 자신의 철학을 잊지 않고, 평생 마주칠 리 없는 이웃과 주변을 섬세하게 보살핀다는 것은 쉬운 일이 아니다. 시대를 염려하고 공감하고자 하는 마음이 없다면 불가능한 일이다.

정도와 상생은 시간과 돈의 문제가 아니라, 일과 사람을 대하는 자세이다. 소탈하고 겸손하게 살았던 고인은 과시적 장례를 거부하고 조용히 세상과 이별했다. '나 때문에 번거로운 사람이 있어서야 되겠느냐'는 고인의 유지를 받들어 한 줌의 재로 나무의 양분이 되어 자연으로 돌아간 것이다.

변화의 시대를 살며 경제와 사회 전 분야에 걸쳐 혜안과 통찰력을 가졌던 한 재벌 총수가 세상을 떠났다. 우리가 그를 이토록 아쉬움과 함께 깊은 존경심으로 기억하게 되는 이유는 무엇인가. 새삼 주변을 돌아보게 된다.

보이는 것이 전부가 아니다

◇◇◇◇◇◇ 송나라 문장가 소동파의 글에 '구반문촉毆槃文燭'이란 말이 있다. 장님이 쟁반을 두드리고 초를 어루만져 본 것만 가지고 태양에 대해 말한다는 것이다. 내가 보고 느낀 것이 다가 아니니 섣부른 판단은 유보해야 하며, 덮어놓고 행동하는 것을 경계해야 한다는 뜻을 품고 있다.

인간은 사회적인 동물이라 혼자보다 여럿이 함께 하고 싶어 한다. 하지만 사람을 만나 얘기를 나누는 것이 항상 이롭거나 도움이 되는 것은 아니다. 명백하지 않은 내용을 지레 짐작으로 이렇다 저렇다 논하다 보면 마음만 소란스러워질 때가 더러 있다.

사람의 생각과 말을 이해하려고 하다 보면, 오해가 생길 때가 있다. 자리에 없는 사람에 관한 얘기를 할 때는 특히 긴장해야 한다. 긴장은 밀고 당기는 힘이다. 한쪽으로 힘이 쏠리면 연줄이 끊어져 연은 허공으로 날아가 버리고 만다. 말도 이와 같아서 정신 줄을 놓으면 헛된 감정에 휘둘리게 된다.

말은 경험으로 얻어진 습관이다. 과거의 경험이 중요한 것이긴 하지만, 감정을 분별하지 못한다면 그 경험도 크게 믿을 것이 못된다. 정답이었던 과거 경험도 현실에선 오답이 될 수 있다. 이럴 때는 과거의 틀 속에서 빠져나와 현재의 상황을 있는 그대로 직시해야 한다. 그래야 나뭇잎 하나가 떨어지는 것을 보며 가을이 오고 있다는 것을 깨닫듯이, 한 가지 일을 보고 장차 오게 될 일들을 짐작할 수 있다.

우리는 자신의 생각이 합리적이라고 착각하는 경향이 있다. 하지만 그렇지 않은 경우가 부지기수다. 나 역시 쓰리고 아픈데, 상처에 새살이 돋기까지 애써 의연해지려고 한 적이 있었다. 현실은 고달프고 마음은 울적하기만 한데, 부끄럽고 용기가 나지 않아서 그런 마음을 들키지 않으려고 마음을 꽁꽁 싸매고만 있었던 것이다.

그 때는 그렇게 하는 것이 옳은 줄 알았다. 그런데 내가 먼저 솔직하게 대하지 않으면서 남의 마음을 얻겠다는 것은 있을 수 없는 일이다. 그걸 뒤늦게 깨닫고 나니, 본질을 이해하지 못 한 나의 어리석음에 헛웃음이 났다.

우리는 끊임없이 타인과의 관계 속에 존재하고 있다. 수많은 타인과 좋은 관계를 이어가려면 시행착오를 거치지 않을 수 없다. 경험 없이 아름다워지기는 어려운 법이다.

준비가 덜 된 생각을 말로 풀어놓기보다 진심어린 침묵이 더 나을 때도 있다. 열심히 장사해서 성공한 사람에게 돈을 얼마나 벌었는지 그 결과를 묻는 것보다, 얼마나 피땀을 흘리며 노력했는지 그 눈물겨운 과정에 마음이 이끌려야 하지 않겠는가. 그게 사람이다.

부분만 보고 전체를 보지 못하면, 비상구를 찾지 못하게 된다. 그런 것을 제대로 보았다고 할 수 있겠는가. 나무를 자르지 않으면 나이테를 볼 수 없듯이 우리 눈으로 보이는 것이 다가 아니다.

선택

◇◇◇◇◇◇ 삶은 한 번도 가보지 않은 새 길이다. 몸은 하나인데, 수많은 갈림길에서 무엇인가를 고른다는 것은 개인적인 의지 바깥에 놓여있는 경우가 많다. 인생을 결정짓는 중요한 선택을 억누르기 어려운 감정 때문에 잘못 선택해 어려운 고비를 맞거나 운명이 바뀌는 때도 있다.

선택이란 하나를 택하는 것이지만 나머지를 버려야 하는 참으로 어려운 일임에는 분명하다.

'노란 숲 속에 길이 두 갈래로 나 있었습니다.
나는 두 길을 다 가지 못하는 것을 안타까워 하며
오랫동안 서서 한 길이 굽어 꺾여 내려간 데까지
바라다볼 수 있는 데까지 멀리 바라보았습니다'

로버트 프로스트의 시 '가지 않은 길' 1연이다. 읽을 때마다 시가 마음을 휘감는다. 지나온 길이 매번 옳은 길일 수도 없고, 전부 어긋난 길일 수도 없다. 하지만 남들이 지나왔던 길을 항상 따라갈

수만은 없는 노릇이다. 남이 가지 않은 길, 가보지 못한 길도 필요하다면 기꺼이 가야 한다.

지금 내 마음이 그런지 모르겠다. '인생은 B와 D사이의 C이다.' 프랑스 철학자 사르트르가 남긴 말이다. 여기서 B는 Birth탄생를, D는 Death죽음를, C는 Choice선택를 각각 의미한다.

우리는 늘 선택의 순간과 마주한 채 살아간다. 선택에 따라 삶이 변화되고 방향이 결정되므로 선택을 한다는 것은 어렵기만 하다. 선택은 인간의 숙명과도 같다. 그리고 선택을 위해 고뇌하는데 무한한 시간이 주어지지 않는 것이 문제다.

아직 경험해보지 못한 대안들에 대한 중요한 정보를 완전하게 확보하는 것도 불가능하다. 어떤 사람의 의사 결정이 합리적이라 하더라도 사회 전체로 보면 비합리적일 수 있고, 어떤 의사 결정은 개인의 이익에는 도움이 될 수 있겠지만 사회에는 불이익이 될 수도 있다. 포기한 것의 기회비용과 실제 지불한 값의 매몰 비용도 생각하지 않을 수 없다.

어둡고 답답했던 시절, 선택의 갈림길에서 결단을 내리지 못한 채 점점 지쳐가는 내 모습을 거울 속에서 바라본 적이 있다. 그 때 선택하려는 그 하나만 볼 것이 아니라, 선택에서 제외시키려는 다른 것도 깊숙이 살펴봐야 했는데 마음의 여유가 없어서 그렇게 하지 못했다.

다행히 그 경험을 통해 새롭게 알게 된 것이 있었다. 선택은 끝이 아니라 또 다른 시작이라는 것이다. 선택은 상실과 아픔이 따르므로 내 의지와는 달리 희생을 강요하기도 한다. 그러나 자신이 선택한 것에 따라 새로운 가능성을 만들어갈 수 있다.

삶은 내가 선택해서 의미를 부여하기 전에는 가치가 미약하다. 모두를 사랑할 수 없듯이 모두로부터 사랑받을 수도 없으니 고뇌할 수밖에 없다. 끊임없는 선택의 기로를 거치면서 비틀리고 황폐한 자신의 내면도 더 단단해지기 마련이다. 그리고 때로는 걸림돌을 만나고, 때로는 디딤돌을 만나며 삶은 이어진다.

언제나 답은 내 안에 있다. 아직 끝이 보이지 않지만 이 길은 내게 분명히 가치가 있다. 걸어온 길보다 걷지 않았던 길에 대한 미련은 없어야겠다. 어쩌면 내 인생의 계절은 숲 속 어디쯤을 걷고 있는지도 모른다. 때로는 인생이 길 없는 숲처럼 느껴지기도 한다.

제자리로 돌아가자

◇◇◇◇◇◇ 인간은 자기 점검 없이 발전하기 어렵다. 스스로에 대한 점검은 현실 진단을 통해 가능하다. 원하는 목적을 이룰 때까지 추구하고자 하는 가치를 명확히 탐색하는 일은 지금 내가 있는 곳을 잘 살펴야 가능하다. 극복해야 할 과제를 합리적으로 해결하는 것도 자기 검열을 통해 나오는 것이다.

지금보다 새로운 길이 훨씬 나을 거라고 확신하지만 가봐야 안다. 실패하지 않으려면, 아니 실패하더라도 다시 일어서려면 지금의 자리가 중요하다.

'너 자신을 알라.' 소크라테스는 사람의 의표를 찌르면서도 인간 세계의 진리를 정확하게 표현해 저절로 수긍하게 한다. 무엇보다 먼저 자신의 무지부터 아는 엄격함이 중요하다는 의미이다.

자신을 아는 것은, 분별하고 인식하는 정도에서 그치는 것이 아니다. 엄하고 철저하게 자신을 알아내는 것이다. 그것이 '너 자신을 알라'는 소크라테스의 경구에 담긴 함의이다.

가만히 생각해 보면, 사회에서 일어나는 대부분의 문제들은 제자리에 있어야 할 사람들이 제자리를 지키지 않아 생기는 경우가 허

다하다. 가정에서 자식은 자식다워야 하고 부모는 부모다워야 한다. 그래야 가정이 화목하고 효가 바로 선다. 교육이 바로 서려면 학생은 학생다워야 하고 스승은 스승다워야 한다. 모두가 자기 자리를 제대로 지킬 때 가능한 일이다.

자리를 지킨다는 것은, 사물이 있어야 할 곳에 있게 함으로써 동력을 획보하는 것이다. 그렇게 되면 잉여가치가 축적되고 이것이 다시 추가 자본이 되어 이전보다 확대된 규모로 더 나은 삶을 준비하게 된다.

안데스 산맥에서 전해져 오는 우화가 있다. 큰불이 나서 숲이 타들어가자 동물들이 도망치느라 바빴다고 한다. 그런데 '크리킨디'라는 세상에서 가장 작은 벌새가 작은 부리에 물 한 방울을 머금고 부지런히 왔다 갔다 하며 불을 끄고 있었다.

다른 동물들은 그 모습을 보고, 저런다고 무슨 소용이 있겠느냐며 비웃었다. 그 말을 들은 크리킨디가 대답했다. "나는 지금 내가 할 수 있는 일을 할 뿐이야."

인간이 동물과 다른 점은, 사유하는 힘을 가지고 있다는 점이다. 사유의 힘은 합리적인 이성과 헛된 감정을 구별하는 것이다. 설마 사람이 크리킨디보다 못하기야 하겠는가.

대립과 투쟁이 사회 정의를 위한 것이라 할지라도 생각이나 처지가 다르다는 이유로 지나치게 비방하고 각을 세우는 것은 혼돈을 부추기고 대중을 식상하게 만든다.

남을 충고하는 것은 쉬운 일이지만 자기 자신을 정제한다는 것은 매우 어려운 일이다. 구경꾼은 말없이 얌전한 것이지 생각이 없는 게 아니다. 담론의 그릇을 키워야 하는 이유이다.

세상 방위의 기준이 되는 북극성은 늘 같은 곳에서 빛난다. 항해를 할 때 길잡이가 되고 인간의 수명을 관장하는 별자리인 북두칠성은 언제 어느 때 봐도 그 자리를 지키고 있다. 제 위치에 있어야 할 사람들이 자리를 지키지 않으면 사회의 시름이 깊어진다.

너 나 할 것 없이 본연의 자리에서 사회적 사명을 고민해야 한다. 내면에 가득 쌓인 먼지를 털어내며 되물어본다. 나는 누구인가. 나는 지금 어디로 가고 있는가.

정답의 역설에서 벗어나기

◇◇◇◇◇◇ 한 초등학교 시험에 '얼음이 녹으면 무엇이 될까요?'라는 문제가 나왔다. 대부분 학생들이 '물'이 된다고 적었지만, 어떤 학생은 '봄'이 된다고 적었다. 어떤 학생은 '북극곰이 울어요'라고 적었다.

교사가 학생들로부터 의도했던 답은 '물'이었기에 '봄'과 '북극곰이 울어요'라고 적은 학생은 틀린 답으로 처리됐다.

생각의 차이는 관점의 차이이다. 다른 현상을 예측하고 생각의 씨앗에 싹을 틔운 학생의 관점은 오답이 되었다. 그것이 잘못되었다는 것을 말하고자 하는 것은 아니다.

엘런 랭어 하버드대 교수는 '정답의 역설'에 관해 이렇게 설명했다. 하나의 답을 정해 놓으면, 다른 생각을 하지 않으려하거나 그 이상을 찾으려 하지 않고 생각을 멈춘다고 했다.

서울대 교수학습개발센터에 재직했던 이혜정 교육과혁신연구소장은 서울대에서 A+를 받는 우등생들의 학습 비법을 들여다보고 그 내용을 『서울대에서는 누가 A+를 받는가』란 책속에서 아래와 같이 밝혔다.

서울대에서 평점 4.3만점에 4.0이상 받은 우등생 46명을 심층면접하고, 서울대 일반 학생들 1100명에 대한 설문조사를 통해 그들을 꼼꼼히 분석한 결과, 교수의 말을 토시 하나 빼지 않고 노트에 다 적는 것이 A+를 받는 지름길이었다고 한다.

무조건 따라 하기의 수용적 학습이 성적을 좌우하며, 비판적이고 창의적인 사고는 좋은 성적을 받는 장애물이라고 했다. 교수와 다른 생각을 말하는 것보다 교수가 원하는 틀에 학생이 꼭 끼워 맞춰져야 좋은 점수를 받게 된다니, 충격적이다.

인터뷰에 응한 46명 중 40명이 교수의 말을 한 마디도 놓치지 않고 최대한 다 적으며 아무리 좋은 생각이나 아이디어가 있더라도 교수와 다른 생각을 표현하는 것은 감점 요인이 될 수 있다고 했다.

그러나 미국 미시간대학교 학생들의 수업 전략에 대한 설문조사는 정반대의 결과를 보여주고 있다. 교수의 강의 내용을 그대로 옮겨 적는다는 학생의 답변은 최하위로 나타났다. 그리고 그렇게 하는 것이 성적에 도움이 되지 않는다고 했다. 오히려 교수와 다른 생각을 많이 하고, 경우에 따라 교수를 뛰어넘으려한다는 얘기도 덧붙였다. 교수를 무작정 따라 하지 않고, 다양한 생각과 비판적 사고를 통해 창의적인 학문의 세계로 나가고자 노력하는 방식이 우리나라와 참으로 다르다.

우리는 좁은 시야에 사로잡혀 한 가지밖에 보지 못하는 경우가 더러 있다. 지금까지 유일한 정답만을 옳다고 해온 우리 교육의 영향 때문이라고 보는 내 생각은 지나친 것일까.

여러 개의 답 가운데 알맞은 답을 고른다는 것은 결코 쉬운 일이 아니다. 그것은 합리적으로 의사를 결정하고, 문제를 해결할 수 있는 능력을 키워야 가능한 일이다. 물음에 맞닥뜨려 진지하게 몰입하되 다르게 생각할 줄 알아야 하고, 충분히 상상하되 보이는 것만 보는 것이 아니라 그 이면의 것까지 볼 수 있는 직관력을 가져야 한다. 그러기 위해서는 정답의 역설이란 함정에 빠지면 안 된다.

익숙한 시선으로만 세상을 바라보면 이전의 것과 다른 것들을 결코 보지 못한다. 어쩌면 '낯설음'은 절호의 기회이다. 인간의 견해를 규정하는 사고의 기본 출발은 '관점'에서 시작된다. 이제 세상을 보는 새로운 관점을 디자인해야 한다. 인생이 정답을 찾는 게 아니라 해답을 찾아가는 과정이라면, 더욱 그렇다.

사람의 품격

◇◇◇◇◇◇ 다산 정약용의 어록을 담은 다산어록청상에 '지위가 높은 사람의 말 한 마디는 아랫사람의 인생을 들었다 놓았다 한다. 좋은 말도 가려서 하고 충고도 살펴서 할 것이며 무심코 던진 한 마디가 비수가 되어 박힐 수 있으니 사려 깊지 못한 말과 행동은 원망을 사고 재앙을 부른다'고 했다. 말의 품격을 강조한 것이다.

말은 서로의 생각과 느낌을 주고받는 이상으로 현대인이 살아가는데 매우 중요한 소통수단이며, 사람의 가치를 평가하는 척도가 되기도 한다.

말대화을 끝내고 나면, 차라리 그 자리에서 하지 않는게 좋았을 텐데 왜 했는지, 꼭 했어야 하는 말은 왜 빠뜨렸는지 말과 관련하여 생긴 실수들로 낯이 뜨거워질 때가 많다. 말은 언어의 교환을 넘어, 서로의 다름과 차이를 존중하고 이해하는 활동인데도 이를 사려 깊게 고려하지 못한 탓이다.

경청의 마음으로 상대방의 얘기를 듣는 수요자 중심의 대화가 더 필요했을 텐데 메시지 전달에만 신경을 쓰는 사이 공급자 중심의 대화가 되어버린 것은 아니었는지 후회가 되기도 한다. 밖으로 드러나지는 않았지만, 상대방 내면에 깔려있는 동기나 정서에 좀 더 관심을 가져야겠다고 다짐해본다.

좀 지난 일이지만, '민중은 개, 돼지로 취급하면 되고 개, 돼지로 보고, 먹고 살게만 해주면 된다.' 혹은 '사람은 태어날 때부터 출발선상이 다른데 어떻게 같을 수 있나. 신분이 정해져 있었으면 좋겠다.'라고 하면서 신분제를 공고화해야 한다고 주장한 이가 있었다.

그는 교육부 정책기획관이었는데 자신이 뱉은 막말 때문에 국민들로부터 공분을 사 파면되었고, 그 후 이러한 징계 수위에 불복, 소청심사를 청구했지만 받아들여지지 않자 행정 소송을 제기해 1심과 2심에서 승소해 복직되었다. 한 직급 강등되어 공무원 신분을 회복했다고 하는데, 뒷맛이 씁쓸하다.

말은 이렇게 무섭다. 이미 활시위를 떠난 말은 주워 담을 수가 없다. 그리고 그 화살은 결국 부메랑이 되어 자신에게 되돌아가게 마련이다. 말이 사람을 살리기도 하고 죽이기도 하는 것임을 여실히 보여준 것이다. 그래서 '병은 입으로 들어오고, 재앙은 혀에서 나간다.'고 하는 모양이다.

사람이 세상을 살아가는 동안 말은 항상 뒤따를 수밖에 없다. 말은 사람의 내면을 밖으로 드러내는 것이어서 그 사람이 갖고 있는 지식, 감정, 의지, 품위를 부분적으로 보여줄 수밖에 없다. 말은 입밖으로 나오면 상전이다. 어찌 할 수가 없다. 그러므로 말 속에 진심을 담아 상대방에게 호감을 주려면 노력해야 한다. 말은 그 사람의 인품을 닮은 그릇, 즉 인격이다. 침묵보다 나은 말을 하려면 말 속에 품격을 담아야 한다.

언어, 그 가능성의 예술

◇◇◇◇◇◇ 세치 혀를 말하는 삼촌지설三寸之舌이나 '펜은 칼보다 강하다'는 속담은, 말이 갖고 있는 영향력을 잘 표현하고 있다. 사람을 끌어당기고 삶을 연결하는 핵심 또한 언어이다. 요란한 감언이설보다 참되고 애틋한 마음을 담은 담백한 말과 글에 마음이 끌리지만, 매번 그렇게 표현하는 것은 쉬운 일이 아니다.

노벨경제학상을 수상한 시카고대학교 리처드 세일러 교수의 행동경제학에서 사람의 속마음을 비집고 들어가는 언어 전달의 방법을 짐작할 수 있다.

행동경제학은 다소 생소한 학문으로, 인간의 실제 행동을 심리학, 사회학, 생리학적 견지에서 바라보고 그로 인한 결과를 규명하려는 경제학의 한 분야라 할 수 있다.

그가 주장한 넛지 효과는, 옆구리를 슬쩍 찌르는 것 같은 부드러운 개입을 통해 타인의 선택을 유도하는 것이다. 이 방법은 내 뜻에 맞는 결정을 내리도록 지나친 요구를 하지 않는다. 그리고 상대방을 설득시키거나 가르치려 하지 않고 교감을 이끌어내고자 한다.

언어는 개인이 사용하는 것이지만, 사회규범과 함께 만들어지고 다듬어진다. 규범을 통과한 말이 인간의 마음을 거치면서 헛된 감정에 휘둘려 굴절되면 비뚤어진 언어가 된다.

나도 내 감정을 위로받기 위해 교만한 언어를 사용했던 적이 있다. 상대방이 자유롭게 선택할 수 있도록 해주고, 진심으로 다가가서 공감할 수 있도록 해야 하는데 그렇게 하지 못한 것이다. 그 결과 상대방에게 심리적인 고통을 안겨주고 상처를 남기게 되어 관계를 다시 회복하는데 적지 않은 시간이 걸렸다. 지금도 그때를 생각하면 절로 부끄러워진다.

그 과정을 통해 느낀 것이 있다. 교환관계에 있는 언어를 혼자 독차지하고 있는 물건처럼 사용하면 안 된다는 점이다. 내가 상대방의 마음을 열어 치유해 줄 수 있는 언어를 사용할 줄 안다면, 얼마나 좋을까. 나의 인격은 어떤 언어들로 채워야 할까.

나는 언어의 총량이 조금 많은 편이다. 아니 말이 많다고 하는 편이 옳다. 그런데 내가 입을 닫지 않으면 상대방을 제대로 알 수가 없다. 그리고 자기중심적인 나르시시즘에 빠지게 된다.

다언多言이 실언으로 가는 지름길이 될 수 있으므로 때론 침묵이 더 중요하다는 것을 모르는 것도 아니다. 그러나 언어는 꼼꼼해야 한다는 것이 평소 내 생각이다. 이럴 경우, 사용하는 언어가 구체적이고 질서정연해야 하므로 좀 더 다듬어진 언어적 수사가 따라붙을 수밖에 없다. 상대방의 기분만 맞추는 것은 결코 진실한 언어가 아니라고 생각하기 때문이다.

사람에게도 인격이 있듯이 언어에도 품격이 있다. 품격 있는 언어를 어떻게 정제하여 사용하느냐가 관건이다. 사람의 행복은 인간관계에 달렸고, 인간관계는 인격에서 나오고, 인격은 언어의 품격에서 나온다.

품격 있는 언어를 사용하는 사람은, 언어를 살아 움직이게 한다. 그런 사람은 언어를 독점하지 않고 상대방을 새로운 사유의 공간으로 편하게 안내한다. 그래서 언어는 가능성의 예술이다. 나도 그 예술을 탐닉하고 싶다.

중용의 가치

◇◇◇◇◇◇ '중용'이란, 지나치거나 모자라지 않고 한쪽으로 치우치지도 않으며 떳떳하고 변함없는 상태라고 한다. 철학자 플라톤은 양적 측정이 아닌 모든 가치의 질적인 비교가 '중용'이며, '어디서 그치는지 알아 거기 머무는 것을 인식하는 것이 최고의 지혜'라고 했다. 아리스토텔레스는 '마땅한 정도를 초과하거나 미달하는 것은 악덕이며, 그 중간을 찾는 것이 참다운 덕'이라고 파악했다.

누구나 어떤 일이나 대상을 대할 때 자신만의 기준이 있다. 그런데 자신의 생각과 행동에 대해서는 한없이 너그러우며 옳다고 생각하지만, 타인의 행동에 대해서는 엄격한 잣대를 들이대는 것이 문제다. 이러한 이중 잣대는 같은 내용인데도 대상에 따라 다른 기준을 적용한다.

잣대가 대상에 따라 기울기가 달라지면 그 잣대를 버려야 하고, 저울이 대상에 따라 눈금이 달라지면 그 저울도 쓸모가 없다. 그런데 세상에는 기울기의 편차가 한쪽으로 지나치게 쏠린 잣대와 저울이 너무 많이 나돌아 다닌다. 공정한 정보의 탐색 없이 자기가 보는 잣대가 중심이라 여기며 한쪽으로 몹시 기울어진 탓이다. 다르다는 것, 즉 다양성을 인정하며 상대방의 관점으로 세상을 바라보려 하지 않고 내 감정을 상대방의 감정에 투사시켜 자기중심으로 세상을 바라보기 때문이다.

헌법 21조에는 표현의 자유를 이렇게 규정하고 있다. '표현의 자유는 공동체의 구성원으로서 가지는 권리이며 민주주의의 필수불가결한 기본권이다.'

이처럼 의사 표현은 개인적 개성 신장의 수단으로 인간의 존엄성을 실현하는 데 기여한다. 때로는 개별적인 의사가 모여 여론을 형성하고 공론 경쟁력의 정도에 따라 사회에 큰 영향을 미치기도 한다. 생각과 표현의 자유를 방해하지는 못하지만, 그러한 자유 또한 사회적 책임을 동반한다. 책임 없는 자유는 제멋대로 행동하며 거리낌이 없는 방종에 불과하다.

중용은 극단적인 행동을 자제하고 사회적 정의와 보편적 가치에 따라 균형을 맞추는 일이다. 그리고 이성으로 욕망을 통제하고, 지혜와 식견으로 올바른 중간을 정하는 것이다. 너무 지나쳐서 넘치거나, 어리석고 부족해 미치지 못하는 것이 별반 다를 게 없다.

또한 사물의 전체를 조망하지 못하고 부분적인 것에 도취되는 것은 중용에서 멀어지는 일이다. 일부분을 전체로 착각하면 숲은 보지 못하고 나무만 보게 된다. 내 마음의 기울기가 제대로 되어 있는지 먼저 들여다본 후 세상을 바라봐야겠다. 내 마음 속의 기울어진 잣대부터 말끔히 청소할 시간이 필요할 것 같다.

꽃 진 뒤에 돌아보면 그때가 봄

◇◇◇◇◇◇ 문장 속에 부사를 쓰면 찬찬하고 세밀하게 뜻이 더 분명하게 전달되는 줄만 알았다. 부사를 쓰면 문장이 더 진지하고 실감나게 표현되는 것 같기도 했다. 사실 그렇기도 하다. '끓고 있는 찌개가 맛있다.'라는 표현보다는 '보글보글 끓고 있는 찌개가 참 맛있다'라고 하면, 그 냄새가 바로 느껴져 시장기가 도니 말이다.

그런데 요즘 들어 생명력이 있는 글에는 부사가 필요 없다는 걸 새삼 깨닫게 되었다. 이처럼 언어의 총량에 대해 고민하게 되는 까닭은, 말의 곁가지가 늘어날수록 말하고자 했던 주제가 무엇인지 헷갈리기 때문이다.

우리네 삶도 그런 것 같다. 불필요한 부사들을 주렁주렁 매달고 살면 인간다운 맛이 없어 보인다는 얘길 들은 적이 있다. '딸아, 너를 사랑해' 하면 될 것을 '딸아, 너를 정말 사랑한다'고 해서 사랑의 본질이 달라지는 것은 아니기 때문이다.

이처럼 자세히 설명하며 좋은 양념으로 잘 차려진 밥상을 내놓으려고 하는 것이, 어찌 보면 겸손과 배려가 아니라 상대방을 식상하게 하는 것일 수도 있겠다는 생각도 든다. 재료가 좋지 않은 것일수록 양념은 과해지기 마련이다.

요즘 들어 침묵 속에 혼자 머무는 시간이 부쩍 짧아진 것 같다. 그래서 그런지 생각보다 말이 앞서는 것은 아닌지 염려가 될 때가 있다. 글도 그렇다. 처음에는 생각이 글을 만들지만, 나중에는 글이 생각을 만드는 것 같다고 느껴질 때가 있다. 지금껏 내가 해왔던 말과 글을 통해 표현한 생각대로 나는 살아온 것일까.

나를 제대로 살펴보지 못한 것 같아 마음이 무겁다. 실천도 하지 못하면서 그럴싸한 부사를 동원시켜 겉만 번지르르하게 보이도록 위선을 떤 것은 아니었는지, 또 다른 이유는 없었는지 되짚어보게 된다. 어떤 핑계를 대더라도, 내가 한 말과 행동이 다르다면 부끄러운 일이 아닐 수 없다. 그러면서도 나 자신을 조건 없이 용서한 적이 얼마나 많았던가.

분별력을 가지도록 해주는 것이 지성이라고 한다. 그래서 지성을 '제한의 힘'이라고 얘기하기도 한다. 생각보다 말이 앞서는 것은, 나를 제한하는 힘이 약한 탓이다. 그런데 지난날을 되돌아보면 부사를 다 덜어내고 제때 하고자 했던 행동을 취하지 못했던 것도, 원하지 않는 행동을 했던 것도 다 어리석게 느껴지기만 한다.

대수롭지 않아 보였던 여러 가지 생각과 판단과 행동들이, 또 다른 근심으로 돌아오는 까닭은 마음으로 잘 살펴보지 못해 그런 것이리라. 그렇다고 그런 나 자신을 어떻게 나무라기만 하겠는가.

과거의 슬기롭지 못한 선택이 지금의 나를 아프게 한다. 과거에 내가 한 결정이 호락호락하지 않은 일상 때문이었다며 자신을 용서할 수는 있다. 그리고 앞서 해왔던 말과 글들이 부메랑이 되어 이렇게 다시 나를 가르치고 있으니 그나마 다행스러운 일이긴 하다.

그렇구나, 지나고 나서 되돌아 볼 때 비로소 이해되는 것이 우리네 삶이라면, 거추장스런 부사를 매달고 살기보다 단순하게 뜨거운 가슴으로만 살아야겠다. 솔직한 언어에 부사는 곁가지다. 꽃이 진 뒤에야 그때가 봄이었음을 알았다면, 그때를 과연 봄이라고 부를 수 있겠는가.

감싼다고 좋은 것만은 아니다

◇◇◇◇◇◇ '팔은 안으로 굽는다', '가재는 게 편'이며 '초록은 동색'이다. 시비를 떠나 자기와 가까운 사람에게 정이 쏠리게 마련이다. 열성적인 팬이 좋아하는 스타의 잘잘못이나 시시비비를 가리지 않고 무조건 옹호하거나 감싸주려 하는 경우를 흔히 본다.

이렇듯 누군가를 무조건 보호하고 감싸려고 하는 맹목적인 행동을 일컬어 '쉴드치다'라고 한다. 내 가족이나 가까운 지인이 비난의 대상이 될 때도, 무조건 보호하고 감싸기 바쁘다.

내용의 객관성보다 내 편인 사람의 어려운 처지를 안타까워하고 연민의 눈으로 바라보는 것은 이해할 수 있다. 그러나 동정의 범위를 벗어난 것까지 무분별하게 편드는 것이 과연 옳은지는 한번 생각해 볼 문제다.

상황이나 내용보다 사람에 따라 전혀 다른 잣대를 들이대는 것이 과연 정의로운 일인가. 아닐 것이다. 그것은 공정하지 못하며, 상식에도 반하는 일이다. 합당한 이유나 근거 없이 사실과 달리 해 석하거나 진실을 그릇되게 보는 편들기는 잘잘못을 바로잡지 못한다.

그러한 인지 부조화 현상은, 일반적인 건전한 윤리관과는 거리가 있다. 보이는 그대로 봐야 하는데 내가 보고 싶은 것만 보려고 하다 보면 자신의 분노가 옳다고 착각을 하게 된다.

아이가 잘못했을 때 구체적으로 담담하게 아이의 잘못을 지적해주지 않고 무조건 감싸주고 허물을 덮는다면, 아이가 올바른 가치관을 가질 수 있겠는가. 고부간의 갈등 중에도 원인은 찾지 않고 어느 한쪽 편만을 들어 감싼다면 행복한 가정이 될 수 있겠는가. 지금 당장 불편하다 하더라도 올바르게 객관적으로 말해주어야 한다.

공동체 안에서도 마찬가지다. 내 편의 악에 침묵하며 상대편의 선을 비웃고 헐뜯는 것은 분명히 잘못된 것이다. 그리고 내가 추구하는 이념 혹은 가치기준과 다르다는 이유로 상대방을 과격하게 모욕하고 비방하는 것 역시 옳지 못한 것이다.

우리가 살고 있는 세상의 원칙 내지 통념은 대부분 헌법 안에 있다. 표현하고 싶은 감정도 마음속에 있는 감정일 뿐, 밖으로 나오면 헌법정신에 지배를 당한다. 정도가 너무 지나치지 않는다면, 좋아하는 누군가를 보호하기 위해 쉴드를 치는 것은 보편적인 심리현상으로 이해할 수 있다.

하지만 원칙과 예외를 마구 뒤섞어 규칙이나 관례에서 벗어나는 것은 옳지 않다. 이것이 상례화 되면 결국 병든 사회가 되고 말 것이다. 옳고 그름을 분별하는 능력은, 왜곡된 생각을 버리고 양심에 비추어볼 때 비로소 제 기능을 다할 수 있다. 감싸는 것도 좋지만 제대로 충고하는 것이 더 필요하다. 그게 너를 제대로 위하는 길이다.

끊어진 생명줄과 하얀 국화

◇◇◇◇◇◇ '나랑 언니가 아빠 역할도 맡아할 테니까 너무 걱정하지 마. 아빠만큼은 못하겠지만 엄마도 우리가 잘 책임질게. 너무 고생하면서 살았으니까 올라가서는 편하게 아프지 말고 있어.' 손 쓸 겨를도 없이 바닥에 떨어져 세상을 떠난 작업자의 둘째 딸이 인사도 나누지도 못한 채 하늘나라로 간 아빠에게 쓴 편지 일부분이다. 몇 번을 읽어도 마음이 아려서 쉽게 잊힐 것 같지 않다.

15층 아파트 외벽에 도색 공사를 하기 위해 밧줄에 매달려 작업을 하고 있던 작업자들이 공포감을 이겨내기 위해 휴대전화로 음악을 크게 틀어놓은 채 일을 하고 있었다. 그 소리가 시끄럽다고 잠을 자려던 주민이 항의했다. 그런데도 음악소리가 계속 크게 들리자 그 주민은 홧김에 옥상에 올라가 작업자가 매달려 있던 밧줄을 잘라버렸다고 한다. 아파트 외벽에 온 몸을 지탱하며 매달려 있던 그가 유일하게 의지할 것이라곤 그 밧줄뿐이었는데 말이다.

부부는 외동딸로 자란 아내의 외로움을 채워주고, 자식들에게 형제애를 알게 해주고 싶어서 5남매를 낳았다고 했다. 넉넉하지는 않았지만 행복한 가족이었다.

이제 세 살배기 아이부터 고등학교 2학년까지 5남매로부터 앗아간 행복을 어디서 찾아야 할까. 나보다 더 나를 사랑했던 남편과 헤어져야 하는 아내를 무슨 말로 위로해 주어야 할까.

숨진 가장을 포함해 일곱 식구의 생명줄이 잘라져버린 돌발적인 사건을 생각하니 가슴이 먹먹하다. 만약 내가 그런 일을 당한다면 우리 가족은 어떻게 될지 생각만 해도 참혹하다.

타인의 생명줄이 끊어지는 것보다 낮잠을 자야 하는 시간이 더 소중한 가치라고 여겼다니! 사소한 내 것이 더 소중하고, 귀하디귀한 남의 것은 하찮게 여기는 그 마음이 도무지 이해가 되지 않는다. 그리고 무엇이 더 중한지 제대로 구분할 줄도 모르는 사람들과 같은 세상을 살아가야 한다는 것이 두렵기만 하다.

사람의 가치관이란, 무엇이 옳고 무엇이 그른지 우선순위를 정하는 것이다. 그런데 이 사람의 행동은 가치관이 혼란해진 탓이라고 여겨진다. 생각이나 행동에 대한 명확한 기준이 없는 것이다. 이런 혼란은 주로 사회가 강조하는 중요한 가치를 상실했을 때 나타난다. 무규범의 상태에서 개인은 무력감을 느끼고 때로는 수단과 방법을 가리지 않고 자신의 목적만 추구하게 되므로 문제를 일으키게 된다.

사람은 나이가 들면서 성장하고, 성숙해진다. 성숙은 외적인 부분의 발육만을 의미하지 않는다. 내면의 성숙이 진정한 성장이다. 내면의 결핍이 무엇인지 찾아 존귀한 것으로 메꿔야 한다. 그래야 가치관이 제대로 정립된다. 이 중요한 작업을 스스로 해야 한다.

어이없고 허무하게도 그를 지탱했던 밧줄은 절망 속에 끊어져버렸고 이제 그 앞에는 하얀 국화 송이만 놓여 있다. 여섯 식구들이 쥐고 있는 희망의 끈이 끊어지지 않기 바란다. 우리 사회가 그들에게 내미는 손이 용기가 되고 희망이 되어 그들이 이 끔찍한 슬픔을 잘 이겨낼 수 있으면 좋겠다.

감정을 잘 조절하지 못하는 사회에서는 사람답게 사는 사람들이 눈에 잘 띄지 않는다. 따뜻한 눈으로 바라보며 서로 배려하고 사람향기가 나는 세상 속에서 살고 싶다. 나도 그 풍경 속의 작은 풀꽃이 되고 싶다.

인생을 낭비한 죄의 형량

◇◇◇◇◇◇ 1973년에 나온 영화 파피용에서 주인공 역을 맡았던 스티븐 맥퀸의 연기는 일품이었다. 수용자들의 무덤이라는 악마의 섬에서 탈출하기 위해 벼랑 위에 앉아 풍랑을 연구하던 그의 야윈 뒷모습이 지금도 잊히지 않는다.

프랑스의 실존인물이었던 파피용은 수용소에서 갇혀 지내는 십수 년 동안 끊임없이 자기의 무죄를 주장하며 탈옥을 여덟 번이나 시도했다고 한다.

영화 속의 한 장면이다. 어느 날 파피용이 비몽사몽 중에 사막 한가운데로 걸어가는데, 맞은편에 재판관과 배심원들이 앉아 있었다. 그는 평소처럼 결백을 주장하며 살인을 하지 않았다고 울부짖는다. 그런데 재판관은 그에게 유죄를 선고한다. 유죄 선고의 이유를 이렇게 밝히면서 말이다.

"너에게는 분명히 죄가 있다. 네 죄는 인간이 저지를 수 있는 최악의 죄다. 그것은 인생을 낭비한 죄다."

무죄라고 항변하던 그가 자신의 죄를 시인하는 그 장면을 보며 사람들은 저마다 자신의 지나온 삶을 되돌아보았을 것이다.

이 강렬한 메시지를 되새기다 보면, '오늘은 내일이 있어서 그나마 다행이다.'라고 생각해 왔던 것이 부끄럽다. 강한 열망과 높은 목표를 품고 있으면서도 삶이란 내일을 담보로 한 유예일 뿐, 대부분의 일상을 우리는 얼마나 권태롭고 남루하게 되풀이하고 있는가.

지금껏 풍요로움의 기준을 제대로 정의하지 못한 채, 버려야 할 것과 지켜야 할 것을 구분하지 못하고 살아온 것은 아닌지 자꾸 뒤돌아보게 된다.

세상에 태어나서 권리와 의무 속에 살아가는 동안 우리는 권리와 의무의 주체가 되는 것이다. 여기에는 법적 의무와 도덕적 의무가 있다. 법적 의무는 무엇이 옳은가, 정당한가를 말해준다. 한편 도덕적 의무는 인간 그 자체로서 가치가 있는 것, 곧 인격성, 인간의 목적에 관련되어 있다.

법적 의무는 법칙을 통해 규정되고 외적 강제가 가능한 반면, 도덕적 의무는 자유로운 자기 강제만이 가능하다. 법적 의무의 이행 여부에 대한 심판은 외부 재판소에서 이루어지지만, 도덕적 의무의 이행 여부에 관한 심판은 자기 양심에서만 가능하다.

도덕적 의무는 엄격한 구속성을 갖는 법적 의무와 달리 나 자신을 강제하는 힘이 약하다. 명령을 받은 자가 어떤 방식으로 어느 정도까지 맡은 일을 수행할 것인가는 오로지 나에게 달려있다. 해도 그만, 안 해도 그만이며 구속력이 느슨하다. 그러므로 내 생각의 어긋남을 경계하고 자기 검열을 생활화하며 스스로 통제하지 않는다면 내 문턱을 넘어서지 못한다.

육사를 수석 졸업한 23세 여성 양주희 소위는 고등학교 3학년 때 육사에 지원했으나 떨어졌다고 한다. 그 후 예비합격자로 있다가

간신히 구제되어 237명 중 237등 꼴찌의 성적으로 육사에 들어갔다.

천신만고 끝에 육사에 들어간 그녀는 인생을 낭비하지 않고 매순간 최선을 다하겠다고 다짐했다. 새벽 한,두 시까지 책과 씨름했으며, 시간을 허투루 쓰지 않고 능동적인 자기계발에 주력했다고 한다. 그리고 드디어 자신이 원하는 결과를 얻게 된 것이다.

양주희 소위는 어제가 오늘 같고 오늘이 내일 같은 그저 그렇고 그런 삶을 살지 않았다. 명확한 자기 목표를 세워 놓고 그 목표 달성을 위한 과제를 수행하며 살아온 것이다. 장하지 않을 수 없다.

많은 사람들이 적당한 때와 적당한 곳을 기다리느라 너무 많은 시간을 허비한다. 그리고 기다리는 동안 소망하던 마음 그 자체가 사라져버린다. '때가 무르익으면……', '그럴 수 있는 조건이 갖춰지면……', 하고 미루는 사이 현실에 파묻혀 소망을 잃어버린다는 것이 가슴 아프다.

알고 있으면서도 자유 속의 책임이 두려워 일부러 나를 채근하지 않는 것인지도 모른다. 그러면서 언제나 자신에게 유리한 이유와 핑계를 대는 데는 모두가 선수들이다.

100세 시대이다. 나이와 세대를 불문하고 지금이라도 내 인생의 로드맵을 만들어 방향성와 행동 목표를 설정해야겠다. 그리고 게으르고 유약한 나를 이겨내고 싶다.

인생을 낭비한 죄의 형벌은 내가 나에게 주는 것이다. 내가 어떻게 살아가고 있는가에 따라 그 형량도 정해질 것이다. 만약 인생의 심판관이 나에게 '너는 인생을 낭비한 죄를 지었다'라고 판결을 내린다면 나는 항소할 수 있을 것인가.

왜 인문학인가

◇◇◇◇◇◇ 인문학은 자연을 다루는 자연과학에 대립되는 영역이다. 자연과학이 객관적으로 존재하는 자연현상을 다루고 있다면, 인문학은 인간의 사상 및 문화를 대상으로 인간의 가치를 탐구하고 사람의 표현 활동을 그 대상으로 한다. 즉 인간의 가치와 관련된 근원적인 문제에 대해 합리적으로 접근해 현상을 꿰뚫어 볼 수 있는 힘이라고 할 수 있을 것이다.

그래서 인문학은 사람과 사람과의 관계에서 그 진가를 톡톡히 발휘한다. 원인과 책임을 남에게 돌리기 전에, 보편적인 가치를 통해 자신의 내면을 먼저 들여다볼 수 있게 해주기 때문이다. 그 과정에서 인간은 스스로 깨닫고 성찰한다.

나는 누구이며, 지금 어디로 가고 있는지, 나를 지배하고 있는 가치는 과연 무엇인지, 내가 진정 나 자신의 주인으로 살아가고 있는 것인지, 익숙하고 당연하게 이미 정해져 있는 것들 중에서 결별해야 할 것들이 없는지…… 질문이 꼬리에 꼬리를 문다.

가까이서 보면 보이지 않고 이해할 수 없는 것이 멀리서 바라보면 제대로 보이고 이해가 될 때가 있다. 이렇듯 대상을 멀리서 때론 가까이서 바라보며 끊임없이 사유할 수 있게 해주는 것이 인문학의 힘이 아닌가 싶다.

어디 그 뿐인가. 기업이나 조직 경영에도 인문학의 역할이 점차 더 중요해지고 있다. 과거에 비해 사회는 변화 속도가 빠를 뿐만 아니라 그 규모 또한 엄청나서 경쟁에서 우위를 점하기 어려운 상황이다. 그런데 현재의 위기를 극복하고 창조적인 미래를 선점하기 위해서는 어제의 틀에 갇힌 패러다임으로는 역부족이기 때문이다.

각 기업체에서는 인문학과 경영학의 통섭 프로젝트가 본격화되면서 논어, 맹자를 비롯한 동 · 서양의 고전에서부터 현대문학까지, 철학을 비롯한 인문학 전 분야에 대한 관심이 커졌다. 그리고 기업이나 조직 내부에서는 서로 관련이 없을 것 같아 보이는 분야끼리 상호 교류하며 융합을 꾀하고 있다.

그 결과 이질적인 부서끼리 협업을 하거나 통합하여 기존의 진부한 매너리즘의 틀을 깨고 새로운 개념의 제품을 선보이게 되었다. 인문학은 이처럼 장기적인 비전과 공생의 윤리 속에서 새로운 싹을 틔워내고 있는 것이다.

우리는 남으로 인해 생긴 사소한 것 하나에도 큰 상처를 받고 회복이 잘 되지 않는다. 그런데 자기 자신은 무한히 이해하며 용서한다. 자신의 감정을 진솔하게 들여다보며 성찰하고 사유하는 과정을 통해 내면의 흉터를 도려내는 치유가 필요한데도 말이다.

우리는 앞만 보며 살아간다. 그러다가 인생을 되돌아볼 때 비로소 이해할 수 있으며, 일이 벌어지고 난 뒤에야 설명이 가능하다. 그리고 법은 어떤 행위가 있고 난 다음에 작용하게 된다. 그러므로 어긋난 행위는 사회적 인식과 규범을 통해 사전에 걸러지고 통제

될 수 있어야 한다.

이러한 사회적 인식과 규범은 인문학적인 소양과 철학적 통찰에서 나온다. 나무가 뿌리를 깊게 내리고 잘 자라려면 좋은 토양이 필요하듯이, 사람다운 삶을 살기 위해서는 도리를 지켜낼 수 있도록 해주는 자양분이 필요하다. 우리가 살아가는 자리에 인문학이 깊이 뿌리내릴 수 있게 되기를 바란다.

인간의 고독

◇◇◇◇◇◇ 언제 고독한가. 살아 있는 한 결코 도망칠 수 없는 물음이다. 과거는 쉴 새 없이 현재의 발목을 잡고 있다. 과거로부터 자유로워지려면 온전하게 기억해야 한다. 고독은 기억을 소환하고, 인간은 기억을 통해 진실에 이르기 때문이다.

고독은 외로움과 다르다. 외로움은 타인과의 관계에 기인하는 정서이지만, 고독은 스스로 홀로 되기를 선택하는 것이다. 고독은 자유로움을 통해 자신을 돌아보는 성찰의 시간이며, 생각을 집중하고 소통의 기반을 만드는 숭고한 시간이다.

박노해 시인은 시집『그러니 그대 사라지지 말아라』에 수록된 '불편과 고독'이라는 시 1연에서 '외로움이 찾아올 때면 살며시 세상을 빠져나와 홀로 외로움을 껴안아라. 얼마나 깊숙이 껴안는가에 따라 네 삶의 깊이가 결정되리니'라고 했다.

그리고 다시 3연에서 '불편과 고독은 견디는 것이 아니라 추구하는 것 불편과 고독의 날개 없이는 삶은 저 푸른 하늘을 날 수 없으니'라며 오히려 불편과 고독을 추구하라고 독자들을 일깨운다.

견디는 것과 추구하는 것은 다르다. 고독은 텅 비어있거나 메마른 것이 아니라 겹겹이 쌓아 올리는 것이다. 그래서 절망의 시대에 희망의 날개를 달아주고 마중물을 보내어 심층의 샘물을 파는 작업이라는 생각이 든다.

오래된 생각과 대화하는 내 존재의 춤판이며, 나의 힘으로 내 삶의 가능성을 선택하고 결정하는 실존적 정서이다. 그렇기에 고독한 사람은 영혼을 팔지 않는다.

자신에게 무관심한 사람은 없다. 자신에게 관심을 둔다는 것은 무엇인가. 고독을 배우고 느끼며 참아내며 즐기는 법을 익히는 것이다. 자신을 제대로 가눌 줄 아는 능력도, 알고 보면 고독한 흔적에서 나온다. 긴장과 갈등 속에 발견했던 수많은 마음 속 지뢰들도 고독을 통해 제거할 수 있다.

고독한 흔적은 어떻게 만들어질까. 사색이다. 사색은 세상과 자신을 격리한 채 자신의 내면과 치열하게 싸우는 것이다. 보이는 것만 보는 고착된 시선의 허상에서 벗어나서 관습과 편견을 제거한 채 바라보는 것도 사색의 흔적이다.

사색하려면 군중 속에서 빠져나와야 한다. 혼자인 시간만큼 사색하기 좋은 환경은 없다. 사색을 통해 생각의 존재를 확인하고 고독을 통해 생각의 형체를 다듬는다. 사색은 고독을 일으키는 마음의 자산資産이며, 사색의 한계가 내 삶의 한계이다.

인간은 왜 고독해야 하는가. 심연深淵의 나를 만날 수 있기 때문이다. 물론 고독의 웅덩이 속으로 누가 떠미는 것도 아니고, 꼭 들어가야만 하는 것도 아니다. 그러나 나의 존재가 남긴 흔적을 찾기 위해 내 삶과 깊이 연관되어 있는 이곳을 찾는 것이다.

근원적인 길에서 만나는 빛은 빛이 아닌 것이 되고, 어둠은 어둠이 아닌 것이 되기도 한다. 고독 속에서 우리가 얻는 것은 무엇인가. 생각의 터전을 마련해주고, 어두운 숲 속에서 헤매고 있는 자신에게 반듯한 길을 찾아준다.

어쩌면 고독의 기회를 얻지 않는 것은 자신을 방임하는 것이다. 깊은 고독에서 우러나는 강인함이야말로 나를 성숙하게 해주는 자양분이다. 기발한 착상이나 창의력 또한 고독한 시간 속에서 나온다. 가볍게 볼 일이 아니다. 생각이 말이 되고 말이 행동이 된다. 행동은 곧 습관이 되고, 습관은 인격이 되며, 인격은 운명이 된다.

생각의 뿌리에 고독이 존재한다. 고독은 인간 존재에게 주어진 근본적인 감정이며, 타인의 지배 아래 놓여 있는 일상세계로부터 떨어져 나온 것이다. 존재의 의미를 밝히고자 깨어 있고 싶으면, 먼저 고독해져라. 나는 지금 무엇을 하고 있으며 어디로 가고 있는가. 낯선 이의 시선으로 나를 바라보자. 고독한 사람이 시대를 연다.

무엇을 위해 사는가

◇◇◇◇◇◇ 우리는 사회의 다양한 것들과 마주한 채 부대끼며 갈등 속에서 살아간다. 그게 삶이다. 그래서 승부가 갈리는 일이 생길 때면 큰일이든 작은 일이든 긴장을 하게 된다. 치열하다. 전쟁 같은 이 상황을 즐겨야 한다고 생각했지만, 그럴만한 노련미가 아직 부족한 탓에 용쓰며 살아간다.

우물 안 개구리로 지내다가 우물 밖으로 나와 전투를 벌여야 하니 모든 게 만만치 않다. 이기고 싶은 마음은 굴뚝같지만, 우물 밖 사정을 잘 모르니 우선 주변을 둘러보며 이를 알아가는 것이 먼저이리라. 우물 밖의 사정을 모르면 용감한 첨병이 될 수 없을 것이다.

그러나 살아가는 것 자체가 전쟁이라 하더라도 어떤 상황에서든 꼭 이겨야 한다고 생각하지는 않는다. 매번 그럴 수도 없는 노릇이고 아직 그럴 만한 능력도 없다. 다만 어떤 상황이던 중심을 잃지 않고 이치나 도리를 찾아내는 능력을 기르고 싶은 나이이다.

삶이란 계산처럼 잘 맞아 떨어지지 않는다. 생각과 빗나갈 때가 훨씬 더 많다. 미숙하거나 생각이 짧을 때도 많았다. 좌절과 실패를 경험하지 않는다면 좋으련만 그게 어디 내 맘대로 되는가.

그렇다고 목표를 설정하지 않을 수도 없다. 때로는 목표를 이루지 못할 수도 있다. 중요한 것은 마음속에 갖고 있는 생각을 굽히지 않고 버티어내는 용기와 배짱이다. 그것이 경험 속에 녹아들어 내 역량을 키우게 되고 삶의 소중한 자산이 되는 거라고 생각한다. 지나고 나서 되돌아 볼 때 이해가 되는 것이 삶인 것 같다.

스치고 지나가는 많은 사람들이 다 나의 스승이고, 여러 현상들이 교훈이다. 그런데도 스승을 못 알아보고 교훈을 제대로 터득하지 못한 것이 내가 가진 한계다. 마음만 앞섰지 앞날의 일이나 사물 전체를 보지 못하고 눈앞의 부분적인 현상에만 사로잡혀 있다.

아쉬움이 있기에 그리움이 더 클 수밖에 없다. 아쉬움은 반성과 성찰을 낳고, 그리움은 목표에 좀 더 가까이 다가가게 하는 희망이 된다. 누구나 다 드는 나이이니, 나이가 든다는 것 자체가 겁나는 일은 아니다. 내 책임도 아니니 어쩔 수 없는 일 아닌가.

다만 내가 두려운 것은, 어떤 시기에 이루어야 할 것을 이루지 못한 채 그 시기가 지나가 버리고 마는 것이다. 그것은 어쩔 수 없는 일이 아니다. 나는 삶의 순간순간을 맑은 정신으로 생생하게 온몸으로 느끼며 그 시간을 내가 주도하고 싶다.

어쩌면 상실에 대처하는 맷집이 더 필요할지도 모른다. 모자란 구석은 차곡차곡 메꿔가며 신념을 갖고 내게 닥친 문제를 진지하게 고민하며 살아가야겠다.

3부

목민관을 기다리며

선택, 그 어려움
비난에 열광하고 비판에 인색한 사회
보수와 진보보다 더 중요한 것
세상의 변화에 제대로 반응해야 한다
목민관
정의와 시기심의 경계
집단사고集團思考
맹목적인 편견
글로벌 리더의 역할
시대정신에 맞는 리더십
올바른 지도자 선택
유전무죄有錢無罪에 파묻힌 헌법적 가치
자살, 가장 강렬한 삶에 대한 갈망
지도자의 철학에 관한 단상
잔인한 정의보다 더 잔인한 것
나이가 많다고 모두 어른인가

선택, 그 어려움

◇◇◇◇◇◇ 우리는 늘 앞만 보고 달린다. 그런데 지나고 나서 돌아보면 비로소 지난 과정들이 하나 둘 이해가 되기 시작한다. 인생은 지도가 없는 길이라서 어쩌면 삶 자체가 선택의 연속이다. 선택, 즉 의사 결정은 주어진 문제를 인식하고 그 문제를 해결할 수 있는 여러 대안 중에서 가장 생산적인 방법을 찾기 위한 것이다.

바람직한 대안을 찾기 위해서는 직면한 문제가 무엇인지 제대로 알아야 한다. 문제에 대해 명확하게 이해를 하지 못한 채 의사를 결정하게 되면 실패할 가능성이 높다. 문제를 이해한다는 것은 문제의 본질, 즉 원인이 어디에 있는지 찾는 것이다. 원인을 찾아내지 못하거나 밝혀진 원인을 인정하지 않는다면, 징후와 문제를 구별하지 못하고 일이 되어가는 과정이나 형편조차 알 수가 없다.

ㅅ 면 소재 ㄷ 새마을금고는 내가 임원으로 있는 ㅁ 새마을금고 지점이 있는 곳과 같은 지역에 있다. 한 지역에 새마을금고가 두 곳인 셈이다. 앞으로 규모의 경제를 실현하기 위한 거시적 관점에서 보면, 두 새마을금고는 합병하는 것이 합리적이라는 생각이 든다.

ㅁ 새마을금고 ㅈ 이사장이 ㄷ 새마을금고에서 오랜 기간 동안 실무책임자로 봉직하기도 했으니, 그런 관계가 합병에 실질적인 영향을 끼치지는 않겠지만 전혀 무관하다 할 수도 없을 것이다.

ㄷ 금고는 이사회를 통하여 표결로 합병 대상 금고를 결정했다. ㅅ금고로 합병하는데 찬성하는 표가 4표 나왔고, ㅊ 금고 3표, ㅁ 금고가 1표 나왔다. ㄷ 금고는 지리적, 영업적으로 ㅊ 금고가 있는 지역과 연관이 많다. 차라리 ㅊ 금고와 합병하는 것이 사회적으로 명분이 있는 일이라는 생각이 들었다. ㅁ 금고 역시 합병을 준비하면서 최선을 다했는지 생각해봐야 할 것이다. ㅈ 이사장에게 합병추진위원회 구성을 그렇게 제의했지만 받아들여지지 않았던 것이 지금 생각해봐도 안타깝기 그지없다.

평가는 회원과 사회의 몫이다. 결과가 그렇게 된 이상 ㅁ 금고는 로드맵을 다시 세워야 할 처지이다. 일상적이고 단순한 의사결정 오류는 가벼운 것이라 생각할 수 있겠지만, 긴밀하고 중요한 의사결정이 잘못 이루어지는 경우 그 결과는 조직 내 다른 구성원에게 피해를 주고 사회 전반에 영향을 미치기도 한다.

의사 결정은, 대개 책임자가 갖는 권한이며 의무이다. 이러한 권한은 규칙에 의해 부여되며 적법하고 당위적인 가치가 있을 때 명예로운 권위가 된다. 그동안 우리 사회에서 있어 왔던 실패한 의사결정은, 권한을 가진 사람이 개인적인 욕망에 눈이 멀어 사사로운 이익에 집착하는 바람에 잘못된 권력을 행사했기 때문이다. 권한은 책임과 의무를 동반하는 것이고, 권력은 복종과 지배라는 강제력에 편승한 것이다.

그런데 사회 곳곳에서 크고 작은 조직을 이끌어가고 있는 지도자들이 권한과 권력을 제대로 구별할 줄 모르는 것 같아서 참으로 안타깝다. 왜 이런 현상이 생기는 것일까? 그것은 사물을 분별하고 판단하는 마음이 한쪽으로 너무 치우쳐져 있기 때문이다.

이처럼 잘못된 의사 결정의 주범은 바로 인간의 감성과 본능일 수도 있다는 생각이 든다. 의사 결정은, 여러 가지 중에서 최고나 최선이라고 생각되는 하나를 선택하고 나머지를 버려야하므로 참으로 어려운 일이다. 이럴 때 불평을 하고 투덜거리며 넋두리를 하는 것은 사사로운 이익에 집착하기 때문이 아닐까.

이런 상황에서 내린 의사 결정은, 내가 받아들이고 싶은 정보만 택하고 반대 정보는 철저히 외면하는 선택적 사고를 하게 만든다. 그 뿐인가. 사실을 입증할 만한 적절한 증거가 없는데도 자신의 정보량을 과대평가해 새로운 정보에 소홀하기 쉽다. 그리고 남의 말을 듣지 않는 자기 과신의 함정에 빠지는 오류를 범하기도 한다.

이제 이러한 생각의 틀에서 벗어나려면 당장 나의 감성과 본능부터 깊숙이 점검해 봐야겠다. 정신분석학의 창시자 프로이트의 말이 새삼 마음에 와 닿는다. "마음을 움직이는 것은 10%의 의식이 아닌, 90%의 무의식이다."

우리가 감정을 잘 조종할 수 있다면 세상을 지배할 수 있고, 무의식을 잘 조종할 수 있다면 세상을 얻을 수 있다고 한다. 무의식을 의식으로 다스려야 하는 이유에 대해 깊이 생각해보게 된다.

비난에 열광하고 비판에 인색한 사회

◇◇◇◇◇◇ 만난 지 오래된 선배에게서 연락이 왔다. 반가운 마음에 시작한 막걸리 자리가 주전자를 몇 개나 비우면서 꽤 길어졌다.

자리가 길어지자 선배는 내가 아는 사람을 비난하기 시작했다. 선배는 기분이 많이 언짢았는지 특별한 이유가 없어 보이는데 비난의 화살을 거침없이 쏘아댔다.

계속 듣고 있으니 마음이 불편했지만 끝까지 들어주기로 했다. 이윽고 이야기가 다 끝나고 나서 한마디 했다.

"속이 뻥 뚫린 것 마냥 시원하겠습니다. 근데 좀 공허하지 않습니까? 진탕 말했는데 뭐가 남습니까?"

그가 답했다.

"뭐가 남든 안 남든 속이 후련하니 술맛은 좋네."

"술맛이 좋다 하시니 다행이네요. 근데 말입니다. 선배님, 비난과 비판을 구분해서 쓰는 것이 필요하다고 봅니다."

"그게 무슨 차이인가? 그 거나 그 거나……."

"아이고, 선배님, 오랜만에 만났으니 술이나 마시죠, 하하."

순간, 서강대학교 철학과 최진석 교수의 말이 기억났다. '우리는 내가 보고 싶은 것만 보려고 하는 습성이 있다. 보이는 대로 봐야 하는데 말이다. 보고 싶은 대로 보는 것과 보이는 대로 보는 것의 관점 차이는 크다.'

이처럼 '비난'과 '비판'은 한 끗 차이인 것처럼 보이지만 확연히 다르다. 비난은 상대의 잘못이나 결점을 책잡아서 적극적으로 비방하거나 사실 여부를 떠나 터무니없이 비웃고 헐뜯는 것이다. 그리고 비판은 사물의 옳고 그름을 밝혀 잘못된 점을 지적하는 것이다. 그 바탕에는 관점의 이탈이나 왜곡이 없다. 선배는 상대방이 달라지길 바라는 마음을 가지고 있음에도 불구하고 무분별한 비난으로 시간을 허비한 것이 아닐까 싶었다.

비난과 비판의 구분이 그다지 중요한 것인가. 남의 잘못에 대한 호된 일갈을 하기 위해서는 내 안을 먼저 들여다보아야 한다. 준엄한 자기 성찰이 먼저 필요하다.

비난과 냉소가 담긴 언어로 남을 욕되게 하면 감정적인 희열을 느낄지는 모르나 돌아오는 부메랑도 생각해야 한다. 기준도 없고 명분도 없는 모질고 혹독한 파편들을 자기 마음에 쌓아놓고 있어 본들 좋을 것이 없다.

남을 비난하는 것이 습관이 되면, 자신을 살펴보는 궁리는 안중에도 없다. 누구를 위해서가 아니라 나를 위해서 비난과 비판을 엄격히 구분해야 한다. 그런데 부끄럽게도 그 구분이 그리 쉽지 않다.

나 역시 비난과 비판의 경계가 모호했던 적이 있었고 비판으로 포장한 비난을 했던 적이 없지 않았다. 내 기준으로 상대방을 평가하고, 자신을 호도하는 것은 우리가 쉽게 저지르게 되는 잘못된 행동이다. 나부터 먼저 개선하려는 의지가 분명하고 진지해야 하겠다.

막걸리 잔을 앞에 놓고 선배가 말한 것은 논쟁의 중심을 벗어나 원칙 없이 덮어놓고 행동하는 맹목적인 비난으로 보였다. 심하게 표현하면 상대의 가치나 명예를 깎아내리는 의도된 욕설이다.

그럴 때 상대방의 입게 될 마음의 상처도 생각해야 한다. 말이 밖으로 나오기 전에 언어를 조합하는 곳은 자신밖에 볼 수 없는 영역이다. 포장이 가능한 이 그릇에 말과 행동을 담기 전에 사적인 감정을 들어내고 공적인 명분과 논리를 채워 넣어야 할 것이다.

인간에 대한 객관적인 잣대로 지혜롭게 비판할 줄 알아야 한다. 정당한 비판에 자제력을 잃고 덤벼드는 사람은 없다. 듣는 사람 역시 성숙해질 수 있게 되며, 자의식을 새롭게 가다듬을 수 있는 기회이기 때문이다.

나도 모르는 사이 타인의 말과 행위에 발끈하여 비판의 칼날을 서슴없이 겨눈 적은 없었던가. 내 생각과 맞지 않는 것이 문제라고 보는 그것이, 문제다. 상대방의 입장이 되어 한 번 더 문제의 초점을 들여다볼 줄 알아야 한다. 우리 모두 주장은 하되 편향성은 경계해야 할 것이다.

보수와 진보보다 더 중요한 것

◇◇◇◇◇◇ 한국사회를 지배하는 것은 여전히 보수와 진보라는 프레임이다. 우리나라 사람이라면 보수와 진보라는 두 단어로부터 완전히 자유로울 수가 없다. 왜 우리는 오랫동안 보수와 진보라는 두 진영 중에 한 가지 끈을 부여잡고 살고 있는 걸까.

역사 발전의 합법칙성에 따라 사회가 변화되어오면서 그렇게 이어온 보수와 진보의 씨앗들이 잉태한 가치는 이 시대에 어떤 동력이 되어 왔을까.

송복 연세대 명예교수는 한 언론을 통해 보수를 '과거 경험을 중시하고, 끊임없이 잘못된 것을 보수하며, 도덕성이 높고, 성실함'으로 정의하였으며, 진보를 '이성적이고 급진적이며, 이상과 비전을 추구하는 성향'으로 정의한 바 있다.

그런데 보수는 무엇을 보수하고 보존해야 하는지 명확하게 제시를 했는지, 진보는 우리 사회가 어떤 방향으로 진보해야 하는지 분명히 밝혀 왔는지 궁금하다. 보수와 진보는 상식과 합리를 따져보거나 구분할 틈도 주지 않고 무조건 한 쪽 논리에 경도되어 있지 않았던가.

좌우 진영의 논리로 이분법적인 사고의 틀 속에서 편을 가르는 일에 집착해 심각한 사회분열을 일으켜온 책임에서 두 진영 다 크게 자유로울 수 없을 것이다.

신자유주의를 옹호하고 자본가를 선호하며 세금과 복지보다 노동과 투자의욕 증진을 통한 성장에 중점을 두어 왔던 보수나, 후기 자본주의와 노동자를 옹호하고 세금을 높이고 복지를 강화시켜 빈부격차 감소와 사회갈등 완화에 주안점을 둔 진보나 서로에게 가진 한계는 있어 이를 오늘에 사는 우리에게 그대로 적용하기는 다소 무리가 있어 보인다.

김인영 한림대 정치행정학과 교수의 말을 인용하자면 21세기 정치에서 아무리 보수 세력이라 할지라도 인권과 평화, 환경을 부정하는 정강이나 정책, 법안을 거론하기는 힘든 현실이다.

이미 진보의 가치 지향인 인권, 평화, 환경은 더 이상 진보적인 것이 아닌 일상이 되었다. 현대는 보수와 진보의 불분명한 경계 속에서 또는 보수와 진보를 넘어서는 생활 속에 살고 있음에도 보수와 진보는 대안도 없고 논리도 없고 오직 '반공'과 '민주'만 외쳐온 것은 아닌지 의문이다.

보수와 진보 모두 한국사회 미래 발전은 안중에 없었고, 합리적 대안을 제시하지 못하였다. 이러한 견해에 찬성할 지 의문이지만 지금의 다양한 사회 변화는 우리가 지향하는 이념이 보수와 진보라는 틀 안에서 구별될 것이 아니라는 것을 설명하고 있다.

그분들에게는 다소 격렬하고 죄송한 말씀인지 모르나 자신과 다른 생각을 가진 자를 비방하고 나아가 적으로 규정하는 보수와 진보의 진부한 논쟁으로는 21세기의 변화를 분석할 수 없으며 국가와 사회 발전에 전혀 도움도 되지 못한다는 것이다. 이제는 우리 삶 전반에서 마주치는 이분법적 경계를 허물고 정치, 경제, 사회를 넘나드는 다양한 부분을 통찰하면서 서로가 가진 파편화된 지식들을 생산적으로 통합해 내어야 할 때이다.

보수와 진보가 사라질 수도 없으며, 이를 버리자는 것도 아니다. 진보와 보수 사이의 대립과 갈등을 줄이고 서로 타협하고 토론하면서 가장 이상적인 나라를 만들고 사회를 형성해 가는 것이 중요하다는 것이다. 그러기 위해서 기본과 원칙, 상식과 합리의 법치를 존중해야 한다.

주변에는 옳고 그름을 판단하는 사람들이 생각보다 많이 있다. 그들은 보수와 중도의 중간치가 아니다. 어떤 문제에는 보수적인 시각으로, 어떤 문제는 진보적인 시각으로 보며 사안마다 합리적인 선택을 하는 사람들이다. 그들은 유일한 프레임에 갇혀있지 않고 시대의 조류를 읽고 있고 있다.

진영논리로 사회가 중병을 앓고 있는데 아무도 통증을 느끼지 못한다면 그것이야말로 큰 문제이다.

세상의 변화에 제대로 반응해야 한다

◇◇◇◇◇◇ '세상을 바꾸겠다'고 말하는 사람들을 접하곤 한다. 그럴 때마다 마음속으로 '당신 자신을 바꿀 생각은 얼마나 하고 있는지…?' 궁금할 때가 있다. 자신을 바꾼다는 게 세상을 바꾸는 것보다 결코 쉽지 않은 일이기 때문이다.

나 역시 마찬가지다. 그런데 세상에서 변하지 않는 진리는, '모든 것은 변한다'는 것이다. 변화란, 선택이 아닌 필수이며 생존의 문제와 직결되어 있다.

모든 조직은, 목표를 달성하기 위해 분업과 통합의 활동 체계를 갖춘 사회적 유기체이다. 부분과 전체의 밀접한 관련으로 변화에 부응해야 한다. 모양만 내거나 형식적인 부응이 아니라 실질적이고 구체적으로 좇아서 응해야 한다. 그러려면 환경의 변화에 효과적으로 대응할 수 있어야 한다.

조직이 목적을 달성하기 위한 활동을 하는 과정에서 다양한 문제를 만나게 된다. 문제는 왜 주어지는가. 물음에 대한 해답을 찾기 위해서다. 그때, 문제를 바라보는 관점이나 사고가 명백하고 확실해야 핵심적이고 가치 있는 요소를 분석해 최적의 방법을 찾아낼 수 있다.

문제를 바라보는 관점은 가장 바람직한 행동경로를 선택하는 의사결정과 깊이 연관되어 있다. 그리고 그 과정에서 좌절이나 갈등이 있을 때 취할 수 있는 자세는 세 가지 정도로 구분할 수 있다.

먼저 문제 노출형이다. 이 경우 정확하고 상세하게 문제를 파악하는 그 자체에 만족하는 경우이다. 모든 문제에 대해 원인을 밝히기는 하지만 무엇이 핵심인지 알기 어렵다. 교과서 수준의 나열식 해법을 제시할 뿐, 창의적이거나 발전적인 대안을 찾지 못하는 경우가 대부분이다.

두 번째 경우는 문제 기피형이다. 문제 자체를 인정하지 않거나 인정하더라도 그럴 수밖에 없는 이유가 무엇인지 구실을 대며 까닭을 말하는데 급급하다. 리더 자신이 행한 의사결정의 오류를 다른 내용과 희석시켜 관점을 혼동시키기도 한다. 심한 경우 구성원에게 모든 책임을 떠넘기는 책임 전가형으로 바뀌기도 한다.

다음은 문제 해결형이다. 조직 전반에 관한 대승적 관점에서 경영에 영향을 미치는 동기를 분석한다. 그리고 해결해야 하는 핵심과제가 무엇인지 진중하게 고민하여 문제의 내용과 원인을 밝혀낸다.

무엇보다 이런 사람들은 상황을 탓하지 않고 합당한 행동양식을 만들어낸다. 주어진 현실을 성과로 일궈내는 방향탐지자의 역할을 충실히 해내고 있는 것이다. 이런 모습은 구성원의 태도와 가치관을 변화시키며, 스스로 생각과 판단을 할 수 있게 해준다. 우리는 거의 앞만 보고 살아간다. 일이 벌어지고 난 뒤에 설명이 가능하다는 것이 간혹 우리를 부끄럽게 만들기도 한다.

마음속으로 빌었던 적이 있다. '제발, 제게 큰 고초를 안겨주지

마십시오.'라고 말이다. 그런데 크고 작은 문제를 만나는 게 삶이다. 피한다고 피할 수도 없다. 그러니 문제가 생기지 않기를 바라기보다 문제해결 능력을 키우는 것이 옳은 일이라는 생각이 든다.

문제를 어떻게 바라보고 인식할 것인가. 그것은 그동안의 습관과 관련이 있다. 사람의 습관은 반복에 의해 안정화되거나 자동화 된 것이다. 그러므로 기존의 생각과 태도 즉 습관을 바꿔야 된다.

습관을 바꾼다는 것은 번거롭고 피곤한 과정이다. 익숙한 것들을 포기하거나 없애는 불편함을 감수해야 한다. 그렇지만 그 모든 것과 결별하는 아픔을 감수하고서라도 변해야 한다. 세상이 진화하기 때문이다.

환경은 바뀌는데 나만 바뀌지 않거나 변화의 속도가 뒤쳐진다면 퇴화되는 것이다. 바꿔야 하는 습관을 그대로 방치한 채 문제를 해결할 수가 없다. 고객은 단순히 제품 하나를 구매하는 것이 아니라 조직의 경험과 가치를 구매한다. 조직의 경험과 가치는 리더의 지도력에 의해 형성된다.

변화는 지금 나부터 시작되어야 한다. 탁상 앞에 앉아 머뭇거리고 있다면 변화는 기대하기 어렵다. 이 때 명심해야 하는 것은 말이 행동을 대신하고 기억이 생각을 대신하면 안 된다는 점이다.

목민관

◇◇◇◇◇◇ 『목민심서』는 다산 정약용이 지방 관리들의 폐해를 없애고 지방행정을 쇄신하기 위해 지은 책으로, 1818년에 완성되었다고 한다. 책의 서문에 '오늘날 백성을 다스리는 자들은 오직 거두어들이는 데만 급급하고 백성을 부양할 바는 알지 못한다.'고 했다.

그는 백성을 다스린다는 것을 백성을 기른다고 표현해 목민牧民이라 했다. 그리고 목민하고자 하는 마음은 있으나 몸소 실행할 수 없을까봐 덕을 쌓아야 한다며 '심서心書'라 했다. 힘없고 약한 백성을 양떼처럼 돌봐야 하는 수령이 자신을 돌아보며 마음 속 깊이 새겨야 할 교훈을 담은 책이라 하겠다.

백성을 다스리는 것이 곧 목민하는 것임을 인식한다면 지도자의 자리가 더할 수 없이 중하며 얼마나 어려운 자리인지 알 수 있다. 선거를 통해 이미 많은 사람들이 선출직 자리에 앉아 있고, 또한 그 자리에 가려고 준비하는 이들도 많다. 그러나 그 자리는 결코 가볍지 않다. 한결 같이 높고 무거운 자리이다. 지도자나 정치하는 사람이 진정으로 두려워해야 할 것이 백성 아닌가.

시민을 두려워하기 위해서는 내가 앉으려는 자리가 무슨 일을 해야 하는 자리인지 냉정히 살펴봐야 할 것이다. 그리고 그 자리에 가고자 한다면 미리 준비해야 한다. 그것이 나를 이롭게 하는 일이며, 나아가 조직과 사회를 위하는 것이다. 짊어져야 할 책무나 역할은 살펴보지 않고 욕심만 앞선다면, 조직에 피해를 입히고 시민에게 누가 된다.

그러니 목민관은 나를 먼저 분별하는 마음가짐이 중요하다. 지도자의 위엄과 기품은 세상을 바람직한 방향으로 변화시켜 나가는데 도움이 될 것이다. 아무나 지도자가 될 수 없는 노릇이며 또 그렇게 되어서도 아니 된다. 지도자는 높은 식견과 혜안을 가지고 공동체가 한마음이 되어 우월한 가치를 지켜나갈 수 있도록 해야 한다.

다산은 '지도자가 가지는 배움의 반이 수양이고, 나머지 반은 목민'이라고 했다. 목민관이 가져야 할 덕목을 안다면, 시대를 아파하는 양심도 있을 것이다. 길게 보고 멀리가야지 제 눈앞만 살펴면 일을 놓친대서야 되겠는가.

다산의 목민관을 생각하면, 스스로가 기준에 맞는 사람인지 판단하는 좋은 기회가 될 것이다. 스스로를 살피지 않으면서 자리만 탐낸다면 되겠는가. '다른 벼슬은 구해도 되지만, 목민관의 자리는 구해서는 안 된다'는 다산의 글이 주는 느낌이 오묘하다.

정의와 시기심의 경계

◇◇◇◇◇◇ 사회의 크고 작은 논란거리를 들여다보면, 정의를 위한다는 생각으로 시작하는 민원과 진정에서 그 발단이 되는 경우가 많다. 정의란 각자에게 그 몫을 돌려주는 것이며 자신이 옳다고 생각하는 것을 지키려는 감정이다.

옳은 것을 지키려다 보면, 그른 것에 대해 공격을 해야 할 필요가 생기기 마련이다. 이때 정의를 지키기 위한 공격이 되어야지, 공격 자체를 위한 공격이 되어서는 안 된다. 시기심과 질투심에서 시작해서도 안 될 것이다.

시기심은, 남의 불행을 고소해 할 기회가 부족한 까닭에 생겨난 분노라고 한다. 실제로 시기하는 사람들이 가장 선호하는 기쁨은, 남이 불행할 때다. 특히 시기의 대상이 되는 자가 자신의 손에 의해서가 아니라, 다른 힘에 의해 피해를 당했을 때 그런 기쁨을 느끼게 된다.

남의 불행을 고소해하는 마음은 잔인한 것이다. 모든 정의와 인간애로부터 등을 돌리는 행위이며, 결국 그 잔인함이 부메랑이 되어 나에게 돌아올 수도 있다는 것을 잊지 말아야 할 것이다.

그들은 불충분하고 부정확한 정보에 기초를 두고 있으며, 특정 선입관에 강하게 영향을 받는 사람들이 대부분이다. 어찌 보면 욕심이 많고 배려심이나 동정심이 없으며 나르시시즘적인 성향이 강한 것 같아 보인다. 처음에 잘못 판단했다는 것을 알게 된 후에도 결코 잘못을 수정하려 하지 않는 것을 보면, 고집스럽기 짝이 없다.

세상을 살다 보면 당초 선의에서 시작한 일들도 착오를 일으켜 예기치 않았던 문제가 생기곤 한다. 법은 강제력을 수반하는 사회규범이며, 원칙은 구성원끼리 약속한 일종의 사회적 합의이다. 그러므로 법과 원칙에 어긋나면 그 대가를 지불하는 수밖에 없다.

하지만 이와 별개로 사회 정의를 위한답시고 나서는 투쟁 이면에 편견, 시기, 질투 등, 좋지 못한 감정이 감추어져 있는 경우가 더러 있다. 그런 모습을 보면, 그 자체가 훨씬 더 정의롭지 못하다는 생각이 들곤 한다. 정의로운 사람들이 많아야 공정하고 형평성 있는 사회가 만들어지는 것은 당연한 이치다. 그리고 진정한 정의는 사회를 건강하게 발전시키는 힘이 된다.

그러나 정의감이란 때로는 공적으로 표현되는 시기심일 수도 있다. 그러므로 우리가 정의라고 주장하는 행동 아래 시기심이 깔려 있는 것은 아닌지 늘 살펴봐야 한다. 정의로운 생각으로 잘못된 일을 바로 잡아보려고 시작하는 일이 정작 상대에게 느끼는 시기심과 질투심에서 비롯된 것이며 나아가 내 욕심을 채우기 위한 것이라면, 결코 옳은 방향으로 나아갈 수 없다.

내 행동이 정의롭다고 떳떳이 말하고 싶으면, 그것이 공공의 문제라야 하고, 그 문제로 고통을 겪는 사람이 뚜렷하며, 저항의 목적이 구조의 개선 혹은 개악의 저지에 있어야 한다. 이 조건에 부합한다면 대략 정의감이라 불러줄만 하지만 그렇지 못할 경우 시기심과 질투심의 또 다른 형태일 뿐이다.

불공정성에 대한 의분은 사회의 순기능으로 작용할 수 있다. 그러나 음산한 구석에 자리를 잡고 있는 시기심과 질투심은 결국 자신에게 해를 입히게 된다. 무엇보다 나 자신의 가치를 발전시키는데 걸림돌이 된다는 것을 잊지 말아야 할 것이다.

집단사고集團思考

◇◇◇◇◇◇ 우리끼리 모여서 하는 의사결정은 참 수월하다. 서로의 생각이 옳다는 믿음으로 가득 차 있고 설령 내 생각과 다르더라도 별 반대를 하고 싶지 않거나, 굳이 그렇게 할 필요성을 느끼지 못하기 때문이다.

이처럼 그 수가 몇 명이던 '우리'라는 의식 속에 갇혀 있을수록 합리적 이성보다는 다른 사람에 의해 조절되는 수동적 감성이 지배하고 스스로 생각하기를 멈추어 결국 집단사고 오류의 발생 가능성은 높아진다.

집단사고는 비슷한 의견을 가진 사람끼리 그 의견이 전부인 것처럼 판단하고 정보의 탐색 없이 획일성을 추구하며 이의 제기를 억제해 합의를 쉽게 이루려고 하는 심리적 경향을 뜻하는 말이다.

즉, 집단구성원들이 대안에 대한 충분한 분석 및 토론 없이 쉽게 합의하고 그 대안이 최선이라고 믿고 합리화하려는 왜곡되고 비합리적인 사고방식이다.

자기 자리를 지키지 못하고 동네 축구 하듯이 몰려다니는 집단사고는 일방적인 의사 결정 과정에 다른 대안들이 비집고 들어갈 공간이 보이지 않는다. 그래서 겉으로는 일관되고 잘 어울리는 것 같아 보인다.

들여다보면, 의견을 교환하는 토론과 비판의 과정이 생략되어 있다. 옳고 그름을 제대로 밝혀 이를 개선하려는 의지가 없는 것이다. 이러한 집단사고의 오류는 큰 재앙을 불러일으킨다.

집단사고 오류의 대표적인 예로 1961년 케네디 대통령 자문위원회를 들 수 있다. 케네디 대통령 자문위원회는 만장일치로 쿠바에서 미국으로 탈출한 1400여명의 난민들을 훈련시켜 쿠바의 픽스만을 침공했다. 그런데 그 결과 백 명이 넘는 사람들이 사망하고, 천 명이 넘는 사람들이 포로로 잡힌 것이다.

미국 최고의 인재들이 분석하고 결정한 것인데 왜 그렇게 슬프고 끔찍한 결과를 낳았는지 궁금해하지 않을 수 없다. 그것은 강한 사람들이 모인 집단이 자신들의 계획을 과신한 나머지 자만했기 때문이다.

1986년 우주 왕복선 챌린저호 폭발 역시 집단사고 오류로 빚어진 결과였다. 로켓 발사 당일 날씨가 추울 것이라는 일기예보 듣고 우주선을 만든 기술자들은 저온에서는 로켓이 폭발할 가능성이 있으므로 발사 날짜를 연기할 것을 요청했다.

그런데 회사 간부들은 기술자들의 의견을 묵살한 채 로켓을 발사했다. 로켓은 발사 후 1분 만에 7명의 승무원과 함께 불길에 휩싸였다. 이 또한 다른 의견을 묵살하고 대안을 고려하지 않은 탓이다.

지금 우리 사회 역시 끼리끼리의 동질성이 정의로우며 최선인 것으로 생각하고, 왜곡된 이성과 편견적 사고에 사로잡혀 있는 것 같다. 객관적인 시각이나 사물을 이해하는 관점도 흐릿하고, 논리도 상실되어 있다. 그리고 이를 합리적인 의견인양 포장하여 이리저리 옮겨 나른다. 이처럼 집단사고는 교양 있고 상식적인 이치에 합당한 의식과 충돌하며 사회를 갑갑하게 만든다.

사람들은 듣기 좋은 말, 듣고 싶어 하는 말을 해주는 사람과 좋은 관계를 유지하고 싶어 한다. 조직 우두머리의 몸을 보호하는 보디가드가 있듯이, 자신의 심기를 보호해주는 마인드가드가 있다. 바로 이런 마인드가드가 잘못된 결정을 내리게 만들고 그걸 밀어붙이는 주요한 원인이 된다고 했다.

자신의 마인드가드를 경계하고 시대가 요구하는 사회적 규범에 맞추어 무의식과 비행동의 오류에서 벗어날 수 있도록 늘 깨어 있어야 한다. 세상은 깨어있는 자들이 이끌어 가야 보다 더 살만한 세상이 된다.

맹목적인 편견

◇◇◇◇◇◇ 보고 싶은 것만 보고 믿고 싶은 것만 믿으려 한다. 내 의견과 일치하는 정보만 선택해야 자신의 믿음이 단단해지고 감정도 편하기 때문일까.

확증確證 편향偏向은 마음속에 고정되어 있는 선입견을 뒷받침하는 근거만 받아들이고, 자신에게 유리한 정보만 선택한다. 자기가 좋아하는 명제를 이미 정해놓고 그 확증을 뒷받침하는 정보는 흔쾌히 받아들이지만, 그와 반대되는 정보는 사실 여부를 떠나 철저히 무시하는 것이다.

우리 사회는 곳곳에서 서로 다른 의견을 가진 사람들이 자기주장만이 옳다며 언쟁을 벌이느라 여념이 없다. 물론 갈등이 없는 사회는 죽은 사회와 마찬가지이다. 문제는 대립으로 인한 갈등을 어떻게 처리하느냐 하는 것이다.

생각이 좀 다르다고 죽일 듯이 경멸하는 것은 갈등이 아니라 심각한 대립에서 나오는 감정 독재다. 이럴 경우, 나와 다른 생각을 저지하고자 하는 욕구를 절제하는 것이 옳다.

필자 역시 다양성을 추구하려고 노력하는데도 획일성에 갇혀 새로운 정보를 외면할 때가 더러 있다. 미처 생각하지 못했던 새로운 정보인데도 마음을 열고 들으려 하지 않고 소홀하게 대하고 만 것이다.

관점이 문제다. 관점은 사물과 현상에 대한 견해를 규정하는 사고의 기본 출발점이다. 그런데 관점을 한 방향으로만 몰아가거나, 나의 견해와 다르다는 이유로 고개를 돌려버리면 새로운 것을 결코 보지 못한다.

내 생각이 틀렸다고 인정하는 것은 쉽지 않은 일이다. 그걸 인정하는 순간 패배자가 되는 것 같다. 내 생각이나 감정이 다른 사람들의 것과 달라서 침해를 받는데, 유쾌한 사람이 누가 있겠는가.

확증 편향은 인간의 본능에 가까운 것이라 쉽게 벗어나기 어렵다. 그런데도 이런 행위 패턴을 바꿔야 하는 이유는 뭘까. 거시적으로 보면, 사람 사이에 맺어지는 인간관계를 개선하여 집단과 사회의 의식을 발전시켜 나가야하기 때문이고, 미시적으로 보면, 나의 삶이 보다 새로워져야하기 때문이다.

삶을 들여다보다가 손에 잡히지도 않고 보이지도 않는 벽과 마주하게 될 때가 있다. 궁리하고 궁리해도 이 벽을 어떻게 넘어가야 하는지, 대문은 어떻게 낼 것인지 막막하다. 그럴 때 새로운 눈으로 시대를 읽으려고 노력하면 방법이 보이고 길을 찾게 된다.

이 순간에도 내 생각과 감정이 세상에 영향을 미치고 있다. 내 소유의 감정인데도 내가 모를 때가 많다. 그러고 보니 모든 행동은 감정에서 비롯된다. 확증 편향을 줄이고 관점을 바꾸려면 내 안의 감정 독재와 맞서야 한다.

보고 싶은 것만 보고 듣고 싶은 것만 들으려 하는 사람과 대화를 나눈다는 것은 여간 불편한 일이 아니다. 내 틀에 세상을 맞추려는 아집을 경계하려면 더러 남의 얘기도 인정하고 용납할 줄 알아야 한다. 편견을 깨닫기 위해서는 자기 안의 고정된 견해를 지워야 한다. 그래야 세상과 공명할 수 있다.

글로벌 리더의 역할

◇◇◇◇◇◇ 대기업 회장들이 '양量 중심의 경영에서 질質을 중시하는 경영으로 변해야 한다'며 새로운 경영을 선언했다. 그리고 그 후 긴 여정을 통해 그러한 신경영 철학은 국내를 넘어 세계화의 현장에서 다듬어지고 확산됐다. 모두들 격변하는 글로벌 환경 속에서 초일류가 돼야 한다고 강조했다.

글로벌과 초일류 기업의 기초와 근본은 무엇인가. 삼류, 사류와 일류는 무엇이 달라야 하는가. 양 중심에서 질 중심으로 바뀌는 것에 그 함의가 있다고 생각한다. 질의 경영은 윤리 경영이며 품격 경영이다. 이를 실현하는 데 가장 중요한 것이 리더 자신의 가치 있는 품격이다.

품격은 번드레한 말로 포장되는 것이 아니라 조직구성원과 일반 대중의 지지를 받는 철학이 묻어나야 한다. 글로벌 기업이라고 해서 국가의 정체성에 사로잡혀서도 안 되겠지만, 그렇다고 온전히 벗어던질 수도 없을 것이다.

글로벌 기업이 세계 시장에서 미래성장을 위한 승부처로 비중을 확대하기 위해서는 대한민국 국민의 정조준 된 협력이 필요하다.

그것이 기업이 가지는 품격이라고 생각한다.

좀 지난 일이지만 삼성물산과 제일모직이 합병했다. 10%의 지분으로 캐스팅보드를 쥐고 있던 국민연금이 삼성물산의 손을 들어주려 하자 소액주주들이 안간힘으로 막으려 했지만, 소용이 없었다. 이 합병이 국민연금에 손해가 간다는 사실을 알면서도 국민연금은 왜 그런 결정을 했는지 궁금하다.

여하튼 그 덕분에 대기업 오너의 그룹 지배력은 확고하게 다져졌고 경제적인 이득도 수조 원을 달하게 되었다고 한다. 합병을 이뤄내기 위해 국민연금의 찬성표가 절실했던 삼성의 입장에서 권력과의 검은 거래가 없었기를 바랄뿐이다.

그런데 이 합병에 찬성표를 던진 국민연금이 약 6000억 원의 평가 손실을 입었다는 주장이 나왔다. 결국 우리가 피땀 흘리며 모아놓은 노후자금을 삼성을 위해 사용한 것이라 생각하니, 씁쓸한 마음을 감추기 어렵다. 이것이 초일류 기업으로 가기 위한 글로벌 경영 방법인가.

마음이 불편하다. 정경유착은 우선은 그럴듯해 보이지만 결국 기업의 건전성을 해치고 국민들의 호주머니를 터는 셈이다. 어제 오늘의 얘기가 아니다. 여야를 떠나 진보와 보수를 가리지 않고 과거 정권에서도 계속 이어져왔다. 누가 누구를 나무랄 처지도 아니다.

굳이 삼성만의 문제는 아니지만, 삼성이 우리 사회에 미치는 영향은 매우 크다. 삼성이 우리 사회에 공헌하는 바가 크고, 특히 어렵고 힘들어 하는 계층에게 희망의 온도를 높여주는 것도 사실이다. 삼성이 없다면 과연 어떻게 되겠는가 우려하는 목소리도 들린다.

그런데 어쩌면 그러한 기대와 용납과 이해가 지금의 사태를 맞닥뜨리게 했는지도 모른다. 언제까지 그렇게 울타리를 치고 버틸 수는 없다. 기업의 사회공헌은 대가 관계를 통해 만들어지는 것이 아니라 품격 있는 경영자의 자발적인 의지에서 나와야 한다.

국가 권력을 통해 얻어진 이익은, 기업의 것이 아니라 처음부터 국민의 것이다. 그러니 베푼다는 표현이 옳지 않으며, 생색을 내어서도 안 되는 것이다. 중요한 것은 초일류 글로벌 기업으로 가기 위해서는 정치와 경제의 긴밀한 유착 고리를 끊어야 한다.

이 모든 일들이 자기 자리에서 판단하고 결정해야 할 사람들이 제 자리를 지키지 않아 생기는 일이다. 초일류, 글로벌 이런 수식어를 떼어내더라도 모든 조직의 지도자는 제 자리로 돌아가서 자신의 역할을 다해야 한다. 자신을 방어하기 위해 본질을 외면하는 조작 행위를 더 이상 해서는 안 될 것이다. 후대가 역사를 공부할 때 부끄럽지 않은 역사를 지금부터라도 만들어야 하지 않겠는가.

시대정신에 맞는 리더십

◇◇◇◇◇◇ 한 시대에 공통되는 인간의 정신적 태도나 양식이 그 시대를 증명한다. 역사가 진보하고 발전하면서 사람들의 사고방식이나 가치관, 보편적인 의식도 어제의 자리에 머물지 있지 않고 변화를 거듭해 왔다. 그러므로 시대정신을 제대로 반영하지 않는다는 것은, 건전한 상식을 가진 대중의 행보를 외면하는 것이다.

우리 사회의 크고 작은 집단에서 리더들이 보여주는 몸짓과 언어도 시대정신에 맞는 변화가 필요하다. 빠른 속도로 변화하는 이 시대에 조직을 이끌어가는 지도자의 역량과 자질 또한 어찌 제자리에 머물 수 있겠는가.

한때는 권위적인 리더십이 두드러져 보였던 때도 있었다. 구성원을 심복으로 삼아 맹목적으로 따르게 하고 무조건적인 헌신을 이끌어내는 것이 영향력이 있어 보이기도 했다.

그러나 시대가 달라졌다. 리더가 과거의 사고방식에 매몰되어 현재의 변화를 읽지 못한다면, 몹시 불행한 일이다. 그 불행은 혼자 겪고 마는 불행이 아니며, 조직과 구성원들의 불행이 되고 만다.

그런데 주변을 돌아보면 여전히 시대를 읽지 못하고 전제적이고 수직적인 리더십에서 벗어나지 못하는 리더가 눈에 띈다.

이러한 종류의 리더십은 명령 계통에 따라 지시만 하달하고 사람을 목적을 달성하기 위한 수단으로만 인식한다. 그리고 조직의 구성원이 상사에게 절대 복종하는 수동적인 추종자의 역할만 충실히 해주기 바란다.

이렇듯 구성원에게 복종을 강요하거나 권력을 과시하는 것은 올바른 리더십이 아니다. 조직의 구성원은, 리더에 예속되어 자주성 없이 행동하는 종속 집단이 아니기 때문이다.

지금 우리 사회는 섬기는 리더가 필요하다. 섬기는 리더는, 상호작용을 통해 상대방을 이해하며, 사람을 수단이 아닌 목적으로 인식하고 수평적으로 조직원을 대한다. 그리고 먼저 깨달은 것을 공유하며 추종자가 건강하게 성장할 수 있도록 이끌어 역동적인 공동체를 만들어간다.

지금은 카리스마를 뽐내는 리더십보다 변혁적인 리더십이 필요한 때이다. 변혁적인 리더십은, 비전을 달성하는데 구성원들이 중요한 역할을 할 수 있다는 신념을 갖게 해준다. 그리고 구성원들과 함께 문제를 해결하며, 더 크게 성장할 수 있도록 격려한다. 그런 조직은 리더를 존경하고 신뢰하며 충성을 다 하므로 기대 이상의 성과를 이끌어낼 수밖에 없다.

그러나 이 또한 거저 되는 것이 아니다. 섬기는 리더십과 변혁적 리더십이 실현되기 위해서는 셀프리더십이 먼저 형성되어야 한다. 셀프리더십은 자기 자신에 대한 완벽한 성찰이다. 나아가 변화하는 사회적 패러다임에 부응하도록 엄격하게 자기관리를 해야 한다. 쉬운 일은 아니지만 지도자라면 마땅히 감수해야 할 것이다.

아이디어는 빌려 쓸 수 있지만 리더십은 빌려 쓸 수가 없다. 리더가 나를 따르라 한다고 해서 억지로 따라가는 세상이 아니기 때문이다. 막무가내로 가르친다고 제대로 먹히는 세상도 아니다. 리더십은 잘못 사용하면 권한 남용이 되고 폭력이 된다.

리더는 다른 사람들을 자기 마음대로 움직일 수 있는 권력이 아니며 갑의 위치에 있는 사람이 아니라는 것을 알아야 한다. 한 사람의 리더가 조직 그 자체이며, 모든 구성원의 모습이다.

수평적인 관계에서 구성원과 리더가 상호발전하며 변혁을 꾀할 수 있도록 거시적인 안목을 갖고 있는 리더가 지금 우리에겐 꼭 필요하다.

올바른 지도자 선택

◇◇◇◇◇◇ 고대 그리스의 철학자 플라톤은 자신의 경구警句에서 "정치에 관심을 갖지 않는 국민들에게 큰 징벌을 내리는데 그것은 국민들 자신보다 못한 사람이 지배자가 되고 그 사람의 지배를 받는 불행을 가져 온다"고 경고했다.

지방자치 시작 이후, 우리 지역사회에서도 정치지도자가 되겠다고 나서는 사람들이 많다. 물론 기업이나 단체, 기관에서 최고 경영권을 가진 CEO를 꿈꾸는 지망생도 더러 있다.

확실한 목표의식을 가지고 우리 사회를 위해 일하고자 하는 사람들, 또는 구성원들을 위해 봉사하고 희생하며 자신의 능력을 펼쳐 보이고자 하는 사람들이 주변에 있다는 것은 참으로 희망적인 일이다. 그런 인물들이 없다면 병든 사회나 다름없지 않겠는가.

그렇다고 아무나 지도자가 될 수는 없는 노릇이며, 또 그렇게 되어서도 안 된다. 지도자는 높은 식견과 혜안을 가지고 공동체를 이끌어야 하며 목표에 도달하기 위한 최적의 방법을 선택할 줄 알아야 한다. 그리고 무엇보다 수평적 리더십으로 소통할 수 있는 사람이어야 하며 미래를 내다보는 통찰력을 가지고 있어야 할 것이다.

당면하고 있는 문제를 올바른 방법으로 풀어가고자 노력하는 지도자, 구성원이 행동해야 할 때 이치에 맞는 방향과 목표를 제시할 수 있는 지도자가 훌륭한 지도자이다.

조선후기 이용후생利用厚生, 풍요로운 경제와 행복한 의 · 식 · 주을 주장한 실학자 유수원은 그의 저서『우서迂書』에서 이렇게 말했다.

'슬프다, 관직이란 빈 소리로 얻을 수 있은 것이 아니고 정치는 헛소리로 성취되는 것이 아니다. 그런데 요즈음은 거꾸로 매달려 있듯이 위급한 상황에 처해 있는 백성을 실다운 정치를 통해 구할 줄 모르고, 그저 인재를 선발하고 관리를 신중히 골라야 한다는 따위의 빈 소리를 정치의 비결로 삼고 있다. 그러나 그것으로는 끝내 인재를 얻지도 못하고 관리를 신중히 고르지도 목하며 쇠잔한 백성을 구해 주지도 못한다.

이것은 바로 맛있는 것을 차려 놓지도 않고 굶주린 사람에게 식사를 권하는 말과 같다. 참으로 가소로운 일이 아니겠는가.'유수원은 이처럼 부국안민나라를 풍요롭게 하고, 국민을 편안하게 함을 이루기 위한 방안을 모색하며 개혁을 주장했다.

민중을 위해 맛있는 것부터 차려놓고 식사를 권할 수 있는 지도자는 과연 어떤 지도자일까.

첫째, 집단이 처한 상황과 문제를 정확하게 인식하고 판단할 수 있는 사람.

둘째, 문제를 해결하는 방법을 제대로 설정할 줄 아는 사람.

셋째, 집단의 목표와 행동 방향을 구성원에게 명확하게 알려주는 사람.

넷째, 우리가 신뢰하고 지지할 수 있는 사람.

다섯째, 외부 조직과의 갈등을 최소화하고 협력관계를 최대화 할 수 있는 사람.

여섯째, 서로 신뢰하고 지지할 수 있는 사람.

일곱째, 조직의 내부 갈등을 원만히 해결하고 조직의 통합성을 유지할 수 있는 사람.

이 모든 것을 다 갖추기는 참으로 어려운 일이다. 그러나 지도자는 그냥 되는 것이 아니고, 뭔가 달라도 달라야 하지 않겠는가. 인간은 누구나 가치를 중요하게 생각한다. 미래의 전망은 지도자가 어떤 가치를 품고 있느냐에 따라 결정된다.

가치란, 인간 행동에 영향을 주는 옳고 바람직한 것에 관한 개념이다. 그러므로 지도자가 지향하는 가치는 그 조직의 나침반 역할을 하게 된다. 나침반의 방향을 제대로 설정하려면 지도자가 이 시대의 패러다임을 제대로 읽어낼 줄 알아야 할 것이다.

조직이 보다 나은 내일을 향해 올바르게 나아가려면, 자기 성찰을 통해 극복하려는 셀프리더십이 먼저 형성되어야 할 것이다. 셀프리더십은 스스로 자신을 관리하며 통제하고 행동하는 것이다. 조직의 구성원은 지도자의 전리품이 아니며, 지도자에게 예속되어 행동하는 종속집단이 아니다.

지도자는 구성원들이 자신의 능력을 극대화할 수 있도록 도와주는 한편, 스스로 자신을 관리할 수 있도록 역량과 기술을 배양시켜줘야 한다. 또한 협상과 교환을 통한 단기적인 성과에 치중하는 거래적 리더십에서 벗어나, 비전과 공동체적 사명감을 강조하고 이를 통해 장기적인 목표를 달성하는 변동지향적인 리더십을 갖춰야 할 것이다.

사람은 누구나 완벽할 수 없다. 일을 하다 보면 실수도 있고 잘못도 있을 수 있다. 하지만 더 중요한 것은 그것을 인정하고 반성하며 스스로에게 준엄한 회초리를 드는 것이다. 그리고 같은 잘못이 반복되지 않도록 바로 잡는데 있다.

셀프리더십은 변혁적 리더십을 발휘하기 위한 전제 조건이다. 우리 사회의 크고 작은 조직의 지도자들이 권력보다 정의에 관심을 가지고 소유보다 나눔에 더 많은 관심을 가져주길 바란다. 조직은 리더 개인의 소유물이 아니라 구성원들을 위한 것이기 때문이다.

그리고 윤리적인 양식을 가진 참 지식인이면 좋겠다.

정치지도자나 기관의 장이 되고자 하는 사람들이 경험, 능력, 기술을 제대로 갖춘 민주적인 지도자가 될 수 있겠는지, 표를 가진 사람들이 잘 셈해봐야 할 것이다. 과연 나는 우리 공동체를 이끌어 갈 지도자를 뽑는 기준을 어디에 맞춰 찾을 것인가.

유전무죄有錢無罪에 파묻힌 헌법적 가치

◇◇◇◇◇◇ 우리 사회의 정당하지 못한 법 집행 관행이 여전히 사라지지 않고 있다. 불법 비자금을 조성해 지하경제를 양성화시키고 이를 통해 주가를 조작하고, 조세피난처에 페이퍼 컴퍼니를 설립해 탈세를 시도하는 등 대기업 총수와 경영자가 저지른 중대 범죄나 권력자들의 사회적 해악 행위에 대해 엄격하지 못한 법 적용과 사면권 등이 그 실례이다.

'돈이 있으면 죄가 없고, 돈이 없으면 죄가 있다'라는 뜻의 '유전무죄有錢無罪 무전유죄無錢有罪'가 사람들 입방아에 오르내리는 이유도 이 때문이다. 이 어처구니없는 단어는, 영화 '홀리데이'로 널리 알려진 지강헌 사건이 계기가 되었다.

1988년 10월, 교도소 이송 중에 탈영한 지강헌 일당은 가정집에 난입해 경찰과 대치하게 되었다. 이들의 탈주 계기가 된 것은 돈 있고 권력 있는 자는 특혜를 받고, 돈 없고 권력이 없으면 중형을 받는 양형의 상대적 불평등이 억울했기 때문이라고 한다.

500만 원을 훔치고 17년 형을 받은 지강헌은, 수십억 원을 횡령하고도 7년 형을 받은 전두환 전 대통령의 동생 전경환 씨의 형량에 분노했다. 지강헌은 '돈 없고 권력 없으면 못 사는 게 이 사회다. 지금 우리 법이 이렇다.'라고 개탄하다가 일부는 사살되고, 지강헌은 스스로 목숨을 끊었다. 지강헌의 말이 꼭 맞는 것은 아닐지라도 그러한 시대적 분위기가 '유전무죄 무전유죄'에 대한 사회적 공감을 불러일으킨 것은 사실이다.

2002년에 벌어진 또 다른 충격적인 사건은, 이화여대 법대에 다니며 사법고시를 준비하던 22살 꿈 많은 여대생 하 모양의 청부살해에 관한 것이다.

당시 영남제분 회장의 부인이었던 윤 모 씨는 거액을 들여 하 양의 이종사촌 오빠인 S대 출신 김 모 판사를 사위로 맞이했다. 그런데 윤 씨는 김 판사의 여성 관계에 대한 괴전화를 받은 후, 김 판사의 외도를 의심하게 되었다. 윤 씨가 전화 내용을 추궁하자 김 판사는 사촌 여동생 하 양이 전화 상대라고 둘러댔고, 윤 씨는 하 양을 불륜의 상대로 판단했다고 한다. 윤 씨는 결국 1억 7천만 원을 들여 살인 청부업자를 고용한 뒤, 하 양의 머리와 얼굴에 공기총을 쏴 청부살해를 저질렀다.

그 후 그 일을 세간의 관심을 벗어나게 되었다. 그런데 얼마 전에 모 일간지에 1,700여 명의 이화여대 재학생, 졸업생 등이 자발적으로 참여한 모금액으로 광고가 게재되었다. '대한민국에서 더는 유전무죄 무전유죄가 용납되지 않기를 바라며, 모두가 법 앞에서 평등하게 심판받는 그 날까지 지켜보겠습니다'는 내용으로 옳지 못한 법 집행에 분노한다고 밝힌 것이다.

내용인즉슨 그 사건의 장본인 윤 씨가 지난 2004년 대법원에서 무기징역형을 선고받고도 2007년 7월부터 고혈압 등 12가지 병명으로 진단서를 끊어 10차례의 형집행정지와 연장을 통해 4년 넘게 하루 200만 원이 드는 호화병실에서 생활하고 있다는 것이다. 그리고 검찰의 감시에도 불구하고 맘대로 외출까지 해온 것으로 드러났기 때문이다.

형집행정지제도는 형사소송법제471조에 따라 형의 집행으로 인해 현저히 건강을 해하거나 생명을 보진할 수 없다고 염려가 될 때, 나이 70세 이상인 때, 잉태 후 6월 이상인 때, 출산 후 60일을 지나지 아니한 때 등, 인도적인 차원에서 수형자에게 형의 집행을 계속하는 것이 가혹하다고 보이는 사유가 있을 때 검사장의 허가를 받아 검사가 집행할 수 있는 권한이다.

일반 서민은 감히 생각지도 못하는 형집행정지제도를 부유층의 '합법적 탈옥' 수단으로 윤 모 씨가 악용해 왔다는 것에 대해 사람들은 분노하고 허탈해하지 않을 수가 없었다.

헌법은 천부적 인권인, 평등한 존엄권을 사회적으로 보장하는 민주주의 이념이다. 그중 헌법 제11조는 '모든 국민은 법 앞에 평등하고 사회적 특수계급은 인정되지 않는다'고 되어 있다.

법 앞의 평등은 타인과 비교하여 법과 제도적 차별을 받지 않을 것을 국가에게 요구할 수 있는 권리이다. 그리고 국가권력은 만인의 평등원칙과 정의에 합치되도록 법과 질서를 적극적으로 실행해야 한다. 그런데 헌법 앞의 평등이 사람에 따라 달라진다면, 얼마나 모순된 것이며 침통한 일인가.

법은 사회적 약자를 보호하며 그들의 정의로운 방패가 되어야 한다. 하루하루 성실하게 살아가는 서민들은 법률에 따라 철저히 가두고 엄혹한 법 적용을 하면서, 권력 있고 돈 있는 자들에게는 관대하고 무기력하게 법을 집행하는 것을 보면 허탈하지 않을 수 없다. 제발 이런 일에 분노하고 허탈해하는 일이 없기 바란다. 법이 권력과 돈에 의해 흔들리지 않는 세상이 오기를 간절히 기대하는 것이 필자만의 생각은 아닐 것이다.

자살, 가장 강렬한 삶에 대한 갈망

◇◇◇◇◇◇ 9월10일은 '세계자살예방의 날'이다. 생명의 소중함에 대해 널리 알리고 자살의 심각성을 일깨우기 위해 만들어진 것으로 알고 있다.

OECD 국가의 자살률OECD 표준인구 10만 명 당은 12명인데 비해, 한국은 26명으로 가장 높은 수치를 보이고 있다.2018년 기준 한국에서는 하루 평균 36명, 연간 1만3092명이 스스로 생을 마감하고 있는 셈이다.

국회자살예방포럼에 따르면, 한국은 13년간 OECD 자살률 1위라는 오명을 쓰고 있다가 최근에 2위로 내려왔다고 한다. 하지만 그리 기뻐할 일은 아니다. 인구 10만 명 당 자살률이 26.7명인 리투아니아가 OECD에 새로이 가입했기 때문이다.

자살은 동조 자살 또는 모방 자살이라고 하는 '베르테르효과'로 그 숫자가 증가하는 현상을 보이곤 한다. 자신이 모델로 삼거나 존경하던 인물, 또는 사회적으로 영향력 있는 유명인이 자살할 경우, 그 사람과 자신을 동일시해서 자살을 시도하는 현상이라 하겠다. 실제로 2008년 10월 최진실 씨가 자살한 후 두 달 동안 국내 자살자는

3081명으로 전년도 같은 기간1807명보다 1274명이나 증가했다.

자살은 사회병리학적인 현상이라서 어느 나라에서든지 일어날 수 있는 일이다. 그러나 우리나라는 다른 나라에 비해 그 정도가 너무 심각하므로 국가 차원에서의 정신건강 관리 대책이 절실하다.

정부는 자살에 관한 국가적인 시스템을 장착시켜 지난 5년 동안 자살률을 20% 이하로 낮추고자 노력했다. 그러나 오히려 28%로 올라가면서 그 정책은 실패한 것으로 드러났다. '자살 예방 및 생명존중 문화 조성을 위한 법률'도 제정되어 있다. 생명윤리의식과 생명존중문화를 확산시키고자 만들어진 것이다.

자살에 관한 언론의 역할도 매우 중요하다. 베르테르효과를 유발하지 않도록 하려면, 자살 관련 보도에 신중해야 한다. 특정인을 영웅시하고 자살을 정의로운 것처럼 착각하지 않도록 엄격하게 접근해야 하고, 자살의 구체적인 묘사도 피해야 할 것이다.

자살은 '대중에 대한 범죄'라는 지적을 통해 생명의 소중함을 널리 알리는 것이 바람직하다. 자살은 한 번 이루어지면 다시 돌이킬 수 없는 것이라서 무엇보다 예방이 중요하다. 자살은 사회적으로 고립됐다는 생각이 들거나 타인에게 짐이 된다는 부담감 때문에, 두려움이 없는 마음 상태가 되었을 때 발생한다고 한다.

이를 막는 방법은 당사자가 어떤 상태인지 주변 사람들이 사전에 인지하는 것이다. 자살을 택하는 사람들은 대부분 결행을 하기 전에 자살에 관한 암시를 하기 때문이다. 그러므로 가족이나 주변 사람들이 계속 관심을 가져야 할 것이다.

특히 특정 대상에 대한 편견으로 비방을 반복하거나 편승하는 것은 당사자를 고립시켜 자살로 내몰 수 있다. 우리 사회 구성원들이 어떻게 처신해야 하는지 짐작이 가는 대목이다.

우리나라 국민 가운데 자살 위험률이 높은 '정신건강 고위험자'가 360여만 명이라고 한다. 자살하는 데는 여러 원인이 있을 것이다. 그런데 대부분 자신을 파괴해 버리고자 할 만큼 강한 낙담과 실의 속에서 극단적인 선택을 하게 된다고 하니 안타까운 일이다.

한편으로는, 참으로 무책임한 일이라 느껴지기도 한다. 자살로 세상을 떠나게 되면 홀가분해질 것이라는 생각은 비겁하기 짝이 없다. 자기결정권의 지나친 미화이며 자신을 스스로 편견의 감옥에 가두는 일이다.

물론 심리적인 압박 때문에 자살하고 싶은 욕구가 때로는 거부하기 힘든 유혹으로 다가올 때도 있을 것이다. 그러나 그것은 순간이다. 그 순간을 지나면, 바라는 위안을 얻을 출구가 분명히 존재하고 있기 때문이다.

나의 목숨이라고 해서 내가 마음대로 결정할 수 있는 것은 아니다. 그러므로 절박한 순간에는 반드시 '도와달라'고 손을 내밀어야 한다. 그리고 내미는 그 손을 거절하지 말고 누구든 잡아줘야 한다. 우리는 사회 속에서 누군가와 도움을 주고받으며 유기적으로 얽혀 살아가야 하기 때문이다. 자살은 어찌 보면 가장 강렬한 삶에의 갈망이며, 누군가를 부르는 외마디 외침이라는 것을 기억해야 할 것이다.

지도자의 철학에 관한 단상

◇◇◇◇◇◇ 지도자는 다른 사람들을 통하여 자신의 목표를 수행하는 사람이다. 그러므로 조직의 성과는 지도자가 발휘하는 리더십의 질과 밀접한 관련이 있다. 경영의 제반 사고思考가 사람을 중심으로 전개되고 있으므로 조직의 안정 혹은 성패를 리더십의 효과적인 발휘 여부와 관련지어 생각하지 않을 수 없다.

그러면 '지도력' 또는 '지도자 정신'에 해당하는 리더십의 기술이나 조건은 어떠해야 하는가.

장자將者는 지신인용엄야智信仁勇嚴也라고 했다. 손자병법에 나오는 얘기를 경영과 마케팅에 접목해서 하는 말이다. 이를 풀이하면, 무릇 장수는 지혜와 신뢰, 어짊, 용기, 위엄을 갖춰야한다는 말이다.

리더가 갖추어야 할 다섯 가지 덕목이 바로 지智, 신信, 인仁, 용勇, 엄嚴 이다. 지智, 즉 지혜란 무엇인가? 지혜란 자신의 머리보다 타인을 인정하고 존중함으로써 생긴다. 내가 잘하는 것도 중요하지만 상대방이 만족하는 것이 바로 지혜다.

신信은 신뢰다. 이는 리더가 솔선수범하는 과정을 통해 만들어진다. 신뢰는, 리더의 말과 행동이 일치하며 궂은 일도 마다하지 않고 리더가 앞장서서 실천할 때 저절로 얻게 되는 것이다.

인仁은 정성이다. 이순신 장군의 무패신화는 전략의 우수성도 있지만 부하에 대한 정성이 전투력으로 승화된 것이다. 훌륭한 장수가 훌륭한 부하를 둔다고 하는 말이 바로 장수의 인을 이야기 한다.

용勇은 용기다. 부딪친 현실의 벽 앞에서 마음이 번거롭고 답답하여 괴로워도 원인에 대하여 깊이 생각하고 이치를 따져 고민해야 한다. 그 모습을 통해 문제를 극복해 나가는 용기를 가져야 한다. 자기 자신에 대한 성찰을 통해 얻어지는 용기는 광기와는 구별되는 것이다.

엄嚴은 리더 스스로에게 엄격하게 다스려야한다는 뜻이다. 남에게는 엄격한 잣대를 적용하면서 자신에게는 관대한 잣대를 적용하면 누가 그 리더를 따르겠는가. 모든 것을 남의 탓으로 돌리거나 원인을 외부에서 찾으려는 사람은 문제 속에 담겨있는 내용의 뿌리나 밑바탕을 제대로 찾아내지 못한다. 때론 갈등도 에너지가 된다는 사실을 알아야 한다.

이 뿐만이 아니다. 구성원들과 함께 권한을 공유하고 적절히배분하며, 상황을 분석하고, 변화를 예측하며, 위험을 감당할 수 있는 직관도 필요할 것이다. 자신의 강점과 약점을 보완할 수 있어야 할 것이며 무엇보다 비전이 있어야 한다. 그밖에 정직과 청렴, 책임감. 문화적 감수성, 조직적응력 등 가져야 할 덕목이 참으로 많다.

그러나 리더가 만능일 수도 없고, 모든 것을 다 갖춘다는 것은 불가능한 일이다. 하지만 그 부족함을 메우고 보충해 나가는 것도 리더의 몫이다. 리더가 과거의 사고방식에 매몰되어 현재의 변화를 읽지 못한다면 몹시 불행한 일이다. 그 불행은 혼자 겪는 불행이 아니라 조직 구성원과 그 관계자들이 같이 느끼는 불행이다.

혹시 하나라도 왜곡되고 어긋난 생각이 있으면 맹렬히 성찰하여 엄중하게 단속하는 자기검열이 필요하다는 사실을 리더 스스로 잊지 말아야 한다. 그게 리더의 책임이고 능력이다.

우리는 사회와 떨어져 살 수 없다. 힘있는 사람들이 사회적인 어떤 사안에 대해 침묵의 카르텔을 형성해 외면한다면, 비난받아 마땅한 일이다. 그러나 지도자란 과정과 결과가 공정해야 하므로, 때로는 비난의 대상이 되어 공격을 받는다 하더라도 침묵을 지키킬 수밖에 없을 때도 있을 것이다.

그런데 이러한 갈등이 있을 때 조정자의 역할을 해야 되는 것도 리더의 몫이다. 그래서 서로 다른 것을 한데 묶어 새로운 것을 잡아나가는 통섭의 역할이 리더에게는 필요한 것이다. 인문학적 소양과 철학적 통찰의 힘으로 내가 가진 생각부터 디자인해야 한다.

잔인한 정의보다 더 잔인한 것

◇◇◇◇◇◇ '인자함은 지나쳐도 화가 되지 않지만 정의로움이 지나치면 잔인하게 된다.' 송나라 문인 소동파의 시 구절이다. 김수남 검찰총장이 30년간 입었던 법복을 벗고 검찰을 떠나면서 이 구절을 인용했다. 그리고 덧붙여 자신만이 정의롭다는 생각을 경계해야 한다고 했다.

생각하는 관점에 따라 이 두 글귀의 느낌이 서로 다를 수도 있다. 정의가 시대의 화두가 되고, 이 두 문장이 대중에게 반향을 불러일으키는 까닭은 우리가 그만큼 정의에 목말라 있다는 반증이기도 하다.

정의란 무엇인가. 다소 막연하고 추상적일 수 있지만 정의가 실현되려면 공정해야 한다고 생각하면 그 정립이 좀 수월해질 것이다. 사람 개개인에 대해 공정하지 않고 어정쩡하다면 정의롭다 할 수 없기 때문이다.

국가와 조직을 위해 충직하게 봉직하다 조직을 떠나는 사람의 소회를 유화적으로 해석해보면, 분별없이 함부로 남용하는 정의는 정의가 아닐 수 있다는 것으로 이해된다.

그러나 다른 한 편으로 생각해보면 언제 우리가 잔인할 정도로 정의로운 적이 있었던가. 지나친 정의보다 더 잔인한 것은 정의가 올바르게 실현되지 않는 것임을 그는 생각할 겨를이 없었던 것인가.

정의가 만용을 부려서도 안 되겠지만, 모호한 정의 또한 정의라 할 수 없다. 사람에 따라 그 잣대가 기울어지는 일 없이 누구에게나 공정하고 균등한 기회가 주어져야 정의로운 것이다.

어릴 적의 일이다. 어머니가 남의 제삿집에서 가져오는 떡을 한시라도 빨리 먹고 싶어서, 어머니가 돌아오시기만을 기다리며 자정이 넘도록 졸음을 참고 있던 기억이 난다.

형제가 많았던 터라 그럴 때면 떡을 어떻게 나눠야 할지 고심하느라 신경이 잔뜩 날카로워지곤 했다. 이 상황에서 떡을 누가 자르고 누가 고를 것인가를 생각한다면 공정함, 즉 정의는 쉽게 풀릴 것이다. 먼저 떡을 자른 사람이 맨 나중에 떡을 고른다면 떡의 분배는 공정할 것이다.

모질고 어려운 시련으로 요동치던 시절을 보내고 나니 새로운 국가 지도자가 탄생했다. 지도자는 개혁과 전환 사이에서 떡을 어떻게 분배할 것인지 진지하게 고민해야 할 것이다. 낮은 목소리에 귀 기울이며 서민의 이익을 우선으로 생각하고 낙오하는 사람들의 손을 잡아주어야 할 것이다.

시대의 광장에서 저마다 목소리를 쏟아내느라 여념이 없어 보인다. 그런데 유의할 것이 있다. 이념적으로 상호 친화적이며 애착관계에 있는 사람들끼리 광장에서 자주 어울린다면, 기울어진 운동장은 그들만의 리그가 될 뿐이다.

그러므로 광장을 벗어나 다른 목소리에 귀 기울여야 한다. 광장

정치는 제도 정치가 실패하고 대의 민주주의가 제대로 작동하지 못할 때 나타나는 현상일 수 있다는 것도 유의해야 할 것이다.

국민 소수의 목소리까지 담아내는 광장정치를 결코 부정하고 싶지는 않다. 그 또한 시민들이 일궈내는 참여 민주주의이기 때문이다.

그러나 의회정치를 뛰어 넘는 광장정치의 정당성이 거듭 인정받는다면 그 또한 우울한 일이 되고 말 것이다. 국민들의 열망과 도전이 광장이 아니라 국민이 만든 기구 안에서 제대로 작동되는 것이 정상적인 사회이다.

공정하고 정의로운 사회를 합리적인 시스템 안에서 확고하게 다지는 것이 좋다. 이 과정에서 정의가 남용되면 결기로 보일 수 있으니, 마음을 단속할 필요가 있다. 개혁과 정의는 국민들에게 도움이 되어야지 휘두르기 좋은 방망이가 되면 안 될 것이다.

나이가 많다고 모두 어른인가

◇◇◇◇◇◇ '어른이 되면 참 좋겠다. 나도 빨리 커서 어른이 되어야지.' 어릴 적에는 그저 어른만 되면 좋은 줄 알았다. 어른의 자리가 얼마나 어렵고 힘든 줄도 모르고, 누구의 간섭 받지 않고 하고 싶은 것 마음대로 다 할 수 있는 것이 어른인 줄 알았다.

논어 위정 편에 30세를 이립而立이라 하여 마음이 확고하게 도덕 위에 서서 움직이지 않으며, 40세를 불혹不惑이라 하여 세상일에 정신을 빼앗겨 갈팡질팡하거나 판단을 흐리는 일이 없는 나이라 했으며, 50세를 지천명知天命이라 하여 하늘의 명을 알고 객관적인 가치를 지향한다고 했다.

귀가 순해져 사사로운 감정에 얽매이지 않고 이치를 깨닫는 나이를 60세 이순耳順으로 하고, 나이 일흔은 마음이 하고자 하는 대로 하여도 법도를 넘어서거나 어긋나지 않았다고 하여 종심從心이라고 하면서 공자가 몸소 겪고 회고한 내용을 담고 있다.

하지만 나이별 이칭에 걸맞게 행동하며 대접받는 사람도 흔치 않을 것이고, 또한 그렇게 하는 것이 반드시 어른의 양식이라고 단정

짓기도 어렵다.

우리가 생각하는 어른의 기준은 무엇인가. 어른의 기준을 나이가 많고 적음에 둘 수는 없는 노릇이다. 나이가 많아도 아이 같은 사람이 있고, 나이가 적어도 무척 어른스러운 사람도 있으니, 성인의 기준과 어른의 기준은 다를 것이다.

그러면 어떤 사람을 어른으로 봐야 하나. 사람은 누구나 자신의 존재가 중요하다. 하지만 내 것이 귀하면 남의 것도 귀하고 소중한 법이다. 나에게 미치는 극히 작은 손해조차 일절 용납하지 않으면서, 남에게 가해지는 몇 곱절 더 큰 손해는 당연하게 여기는 사람, 내 말과 행동이 남에게 상처와 손해를 줄 수 있다는 것을 알면서도 자신의 이익만 도모하는 사람이라면, 어른이라 여길 수가 없다.

이처럼 이기적이고 자기중심적인 사람들이 비난을 받는 이유는 그들이 자기 이익만 챙기기 때문이 아니라, 다른 사람의 이익을 가로막거나 무시하기 때문이다. 이런 사람들에게서는 그럴듯한 인품을 기대하기 어렵다. 타인에 대한 배려나 관용을 찾아볼 수 없으니, 나이만 들었지 어른으로 봐주기 아까운 면이 있다.

인생에 있어서 길흉화복은 항상 바뀌므로 미리 헤아릴 수 없다. 그래서 '인간만사 새옹지마'라 했다. 살아가면서 크고 작은 상처가 없는 사람이 어디 있겠는가. 상처는 살아가는데 소중한 경험이 되며, 앞으로의 인생에 나침판이 될 수도 있지만, 경우에 따라서는 아픈 흉터로 남는다.

그런데 그런 사람들에게 용기와 희망을 주지 못할망정, 남의 아픈 흉터자국을 더 아프게 만드는 사람들이 우리 사회에는 더러 있다. 지혜도 배려도 없고 의식도 깨어있지 못한 채 권위만을 내세우며 어른 노릇을 하고 싶어 하는 사람들을 보면 그 나이의 가치가 무색하게 느껴진다.

간혹 우리가 부러워할 만큼 세상을 살아가는 방법이나 수단이 뛰어난 사람을 만날 때가 있다. 하지만 그 처세술에 진심과 인품이 담겨있지 못한 채, 교묘하게 능수능란하기만 하다면 어찌 그 모양새가 좋다 하겠는가.

최근에 일어나는 여러 토론회의 과정에서도 객관적이고 구체적인 대안을 제시하지도 않으면서 정책의 현실성이나 옳고 그름 등 본래의 목적을 외면하거나, 개인의 정치적인 입장만을 고집하며 인기에만 매달리는 정치인들의 행태는 일반 대중을 호도하는 것이라서 책임 있는 사람의 처세라고 보기 어렵다.

독일의 철학자 쇼펜하우어는 '인생에서 처음 40년은 텍스트를 준다. 그로부터 30년은 텍스트에 관한 주석을 부여한다'고 했다. 나이 40이후부터는 올바른 가치에 따라 자신의 삶을 책임져야 한다는 것으로 이해된다.

상식에 어긋나지 않고 합리적으로 소통하며 한 발 앞선 시대정신으로 다른 사람의 감정도 헤아려주면서 제 인생의 짐을 스스로 지고 가는 사람이라야 멋진 어른이라 할 수 있다.

나잇값, 그 값의 가치는 누가 만들어 주는 것이 아니다. 내가 스스로 만드는 것이다. 책임 있게 말하고 행동하며 따를 가치가 있다고 판단되는 인생의 멘토가 어른이다.

4부

세상 읽기

핀란드로부터 배우자

◇◇◇◇◇◇ 대입수능 때만 되면 교육 정책에 대한 평가와 논의가 어김없이 나온다. 수없이 대입제도가 바뀌어왔는데도 2022년 수능제도 개편이 또 예고돼 있다.

지난 세계학력평가에서 핀란드가 1위, 우리나라는 2위를 차지한 바 있다. 교육에 관심이 많은 각국에서는 핀란드와 한국의 교육방식이 180도 다른데도 평가 결과가 비슷하다는 것에 대해 의아스러워했다. 그런데 어느 누구도 한국의 교육 성과와 교육 방식을 부러워하지 않았다고 한다.

한국과 핀란드의 교육방식을 한 단어로 표현하자면 한국은 경쟁, 핀란드는 협동이다. 모두가 관심을 가졌던 핀란드의 교육방식은 교실에서의 경쟁이 아니라 협동이었고, 단 몇 번의 시험만으로 학생들 사이의 우열을 가리지 않는다.

그러나 우리는 학교에서 우열을 가리는 것에 깊이 젖어들어 있다. 이런 방식의 교육 때문에 협동을 통한 공동체정신을 습득하지 못한 학생들이 훗날 우리 사회를 책임지게 된다면 과연 그 사회국가가 지속가능한 경쟁력을 가질 수 있을지 의문이다.

세계학력평가 2위라는 결과가 긍지와 자부심으로 다가와야 하는데 오히려 우리나라의 교육 현실을 걱정해야 하니 안타깝기만 하다. 경쟁을 통해 줄을 세우는 현 교육방식으로는 아무리

좋은 정책을 내놓는다고 해도 학생들의 미래를 기대할 수 없다.

그렇다면 어떤 교육이 선행돼야 이런 문제점이 개선될 수 있을까. 먼저 정책적인 부분의 고민이 필요하다. 교육은 거시적인 관점에서 원칙과 철학을 바탕으로 각종 정책들이 입안되고 실천되어야 하는데 현실은 그렇지 못하다.

교육정책은 인본적인 가치에 대한 올바른 판단과 인식이 교육정책의 바탕을 이루거나 지표가 되어야만 좋은 정책의 시행이 가능해질 것이다. 그러기 위해서는 정책에 대한 여러 관계자들의 입장과 태도가 대한민국 교육을 위해 일관되며 합리적이어야 한다.

그리고 인간의 사상 및 가치 탐구와 표현 활동을 대상으로 하는 인문학적 소양이 필요하다. 인간은 동물과 달리 사유하는 힘을 가지고 있다. 사유한다는 것은 합리적인 이성과 편향적이고 일방적인 감정을 구별해내는 것이며, 주관적 사고에서 비롯된 잘못된 감정을 이성의 힘으로 통제하고 조절할 줄 아는 능력이다. 이러한 인문학적인 가치가 바탕이 된다면, 개개인이 갖고 있는 긍정적인 잠재력을 끌어내어, 창의적인 교육환경을 만들 수 있을 것이다.

또한 교사는 눈에 보이는 교육의 결과보다 교육과정에 학생들이 얼마나 의욕적으로 참여했는지 관심을 기울이고, 교육의 참된 목적이 무엇인지 항상 자각하고 있어야 한다. 그래야 학생은 자신의 상대적 위치가 아니라 본질적 위치를 위해 열심히 하게 될 것이고, 교육자의 입장에서는 경쟁을 위한 교육이 아닌, 학생 개개인을 위

한 교육을 시행할 수 있을 것이다.

교육은 인간의 가치를 높이고자 하는 행위이다. 줄 세우기식 교육보다 상호 협동하면서 공동체 정신을 배양하는 교육이 이루어져야 한다. 물론 모든 것을 한꺼번에 바꿀 수는 없을 것이다. 그러나 개인주의적 사고에 젖어있는 학생들에게 소통과 공감, 경청과 배려, 나눔과 봉사의 리더십을 심어주는 인성교육을 통해 글로벌시대에 걸맞은 국가경쟁력을 키워 나가야 한다.

'경쟁은 경쟁을 낳아 결국 유치원생들까지 경쟁의 소용돌이 속에 말려들게 될 것이다. 학교는 좋은 시민이 되기 위한 교양을 쌓는 과정이고, 경쟁은 좋은 시민이 된 다음의 일이다.'라고 말한 핀란드 전 국가교육청장 에르키 아호의 말을 새겨봐야 할 것이다.

노벨상, 우리에게는 먼 얘기인가

◇◇◇◇◇◇ 노벨상은 스웨덴의 화학자 알프레트 노벨의 유언에 따라 1901년 제정된 세계에서 가장 권위 있는 국제적인 상이다. 해마다 물리학, 화학, 생리 · 의학, 경제학, 문학, 평화 6개 부문에서 인류 문명의 발달에 공헌한 사람이나 단체를 선정하여 수여한다.

일본은 노벨과학상 수상자 두 명을 지난해 배출시키면서, 스물네 명이 노벨상을 받았다. 미국에 이어 세계 2위로 노벨상 강국의 자리를 유지하고 있는 셈이다.

중국도 1957년 양전닝과 리정다오가 물리학 분야 상을 받은 이후, 중국인과 전 중국인의 노벨상 수상자가 여덟 명이다. 그중에 중화민국 국적 수상자가 두 명, 중화인민공화국 국적의 수상자가 세 명이다.

특히 일본이 과학 분야 노벨상을 스물한 명 받는 동안, 한국은 수상자가 한 명도 없다는 현실이 약간 어처구니없다. 물리와 화학 분야에서 선방하고 있는 일본이 부럽기만 하다.

노벨상 수상을 경쟁의 결과로 여겨 국가 순위를 매기는 것이 과연 나라의 품격에 관한 일인지 이견이 있을 수 있다. 하지만 세계 10대 경제 대국이라 자부하면서 과학 분야 노벨상 수상자가 한 명도 없다고 하니, 자존심이 상하는 것을 감추기 어렵다.

왜 우리는 노벨상 수상이 이리 더딘 것이며, 먼 나라 얘기로 들리는 것일까. 주입식 암기교육으로 오로지 1등이 되기 위해 급급해하는 사이, 다양성이 결여가 되고 창의력이 부족한 것이 한 가지 이유가 아닐까 싶다.

창의력은 연구개발연구 · 개발을 위한 필수 요건이다. 학문 전 분야에 관한 지식을 응용해 새로운 분야에 관한 연구 성과를 얻기 위해서는 체계적으로 전문가를 발굴하고 그들의 기초체력을 길러주는 촉진자 역할을 누군가가 해주어야 한다.

2016년 정부는 이러한 문제를 해결하기 위해 이공 분야 기초연구 지원을 대폭 늘리겠다고 발표했다. 우리나라 기초과학 수준이 노벨과학상 수상을 받기에는 여전히 미흡하다는 지적을 겸허하게 받아들인 것이다.

그 내용을 들여다보니, 연구 기간과 연구비를 연구자 맞춤형으로 유연하게 지원하고, 신진연구자와 장기간 이뤄지는 '한 우물 연구'에 대한 지원을 늘리겠다는 것이었다. 이, 삼십 대 연구자에게 연구비를 지원하는 '넥스트 디케이드 100' 프로젝트를 추진하기로 한 것인데, 연구자들이 창의적인 연구에 매진할 수 있도록 기초과학 연구에 투자하겠다는 소식이 반갑지 않을 수 없었다.

그런데 이 지원사업이 지금까지 잘 진행이 되고 있는지 궁금하다. 먼 미래를 바라보며 진행하는 이러한 투자는 일관성과 영속성이 있어야 한다. 시작과 달리 끝이 초라해 보이는 유시무종有始無終

이 되어서는 안 될 것이다. 그러기 위해서는 조급해하지 말고 느긋하게 기다려주는 사회적인 인식이 무엇보다 우선되어야 한다.

그리고 노벨상을 목적으로 생각하기보다, 우리나라 기초과학 분야 연구를 위한 토양이 제대로 갖춰지는데 먼저 초점을 맞추는 것이 옳다고 본다. 기초과학 분야에 관한 무한한 관심과 격려가 필요한 때다.

왜 정치에 관심을 가져야 하는가

◇◇◇◇◇◇ 고대 그리스의 철학자 플라톤은 '정치에 관심을 갖지 않는 국민들에게는 큰 징벌이 내릴 것이다. 그것은 국민들보다 못한 사람이 지배자가 되어 우리가 그 사람의 지배를 받게 되는 불행이다'라고 경고했다. 가슴을 찌를 정도로 매서운 말이다.

정치는 인간의 운명인가, 아니면 지배를 위한 도구인가 생각하기 전에 정치는 사회라는 전체적인 조직의 한 부분으로서 우리가 이 땅에 존재하기 위한 신성한 권리이다.

국민의 권리를 헌법으로 보장하고 있는 것은 국가가 함부로 국민의 권리를 침해할 수 없도록 하기 위해서다. '권리 위에 잠자는 자는 보호받지 못한다'는 법언 속에 권리의 포기 또는 권리를 행하지 않는 것은 자신만의 불이익이라 생각할 수 있겠지만, 그게 아니다.

권리는 의무라는 한 축이 없이는 결코 존재할 수 없다. 권리는 자신만의 것이 아니며 건강한 사회를 지탱하게 하는 의무라 할 수 있다. 투표에 참여하는 참정권이 특히 그렇다. 정치에 관심을 갖지 않는 것이 우아하고 점잖게 사는 모습이라 생각하며 많은 사람들이 정치에 관심이 없는 것 같지만 실제로는 그렇지가 않다.

모임 등, 삼삼오오 모이는 담론의 자리에서는 모두가 정치평론가이고 정치전문가이다. 여기에 술 한 잔이 곁들여지면 더 깊고 진지한 논쟁에 가세하게 된다. 그리고 국가와 사회 상황을 진단하고 추론적인 예단까지 시원하게 내어놓게 된다.

그런데 그 관심이 정작 투표율여론조사 응답율로 나타나지는 않는 것 같아 아쉽다. 건강하고 행복한 사회가 되기를 바라는 동시에 내 호주머니 경제를 생각한다면, 국가와 국민을 위해 진심으로 봉사하고 희생하며 국민 속으로 들어가 국민을 섬길 수 있는 사람을 잘 가려내어 선택해야 한다.

선거가 이따금씩 민주주의를 생각하게 해주는 이벤트라는 생각도 들 수 있겠지만 우리 삶을 바꿀 분기점이기도 하다. 정치는 지금 내가 살고 있는 우리 사회의 문제이며, 나 개인의 문제와 밀접하게 연결되어 있다.

통치란 본질적으로 자기 이익이 아니라 국민의 이익을 위한 것이다. 조선후기 이용후생利用厚生풍요로운 경제와 행복한 의 · 식 · 주을 주장한 실학자 유수원은 그의 저서 우서迂書에서 '슬프다, 관직이란 빈 소리로 얻을 수 있은 것이 아니고 정치는 헛소리로 성취되는 것이 아니다.'라고 했다.

정치하는 사람들은 국민들로부터 권력을 잠시 위임받는 사람들이다. 그러므로 그 권력은 우리 국민의 권력이지 그들 개인의 권력이 아니다. 그런데 정치가와 정치인은 다르다. 권력을 수단과 목적으로 생각하면서 시민의 의식을 함부로 바꾸려는 정치인의 주장이 간혹 논리로 가장된 항변은 아닌지 살펴야 한다. 그리고 그 항변이 내용적으로 정당한 것이며 과정상으로도 합리적인지 검증해야 한다.

나아가 우리는 정치꾼이나 정치인보다, 시민들과 함께 비전을 공유하며 사회 갈등을 합리적으로 치유하고 국가와 사회를 생산적으로 견인할 줄 아는 정치가를 만드는데 앞장서야 한다. 그렇지 못하면 결국 이용당하고 소외되고 말 것이다. 이것이 우리가 정치에 관심을 가져야 하는 이유이다.

무관심은 최악의 상황을 불러온다. 참정권은 우리의 권리이며 의무이고 생존의 도구이다. 국민을 섬기는 품격 있는 정치, 자기성찰을 통해 깨끗한 정치를 만들어야 한다.

등불을 켜고, 국민의 의사가 정확하게 반영되고 서민들의 삶이 보다 나아지며 인간다운 삶을 제대로 구현하고자 하는 정치가를 찾아보자. '대한민국의 주권은 국민에게 있고, 모든 권력은 국민으로부터 나온다'는 헌법 제1조 2항을 되새겨보자. 우리의 합리적인 이성을 헐값에 파는 일은 없어야 할 것이다.

법은 정의와 일치하는가

◇◇◇◇◇◇ 법은 규범이자 정의 실현을 위한 사회적 합의이다. 개인에게 정당한 몫을 배분하는 공평성과 공정성을 담고 있다. 정의로운 법이 되려면 열린 법이 되어야 한다. 법은 우리 사회에 지성을 배분하고 정의를 실현하는 도구이기 때문이다.

어쩌면 법은 정의보다 선행돼야 한다. 너무 늦어진 정의는 정의가 아니다. 법은 국가의 강제력을 수반하는 사회 규범이며 정의 실현을 위한 사회적 합의이다. 권력에 대한 법 적용은 엄격해야 하고 그 권력에 지배되고 복종하는 서민과 사회적 약자에 대해서는 법의 보호라는 틀을 가지는 것이 민주주의 원칙에 기초한 것이다.

인간이 사회생활을 하는데 있어 구속되고 준거하도록 강요되는 일정한 행동양식에 권력자와 사회적 약자에 대한 잣대를 다르게 들이대자는 것은 결코 아니다. 개인에게 정당한 몫을 배분해주어 어느 한 편을 부당하게 희생시키지 않고 양자의 이익을 공정하고 공평하게 고려하자는, 정의에 담긴 함의를 생각해보자는 것이다.

디케는 그리스 신화에 나오는 정의의 여신이다. 그리스어로 '정의’ 또는 ‘정도’를 뜻한다. 정의의 여신 디케의 양손에는 칼과 저울이 들려져 있다. 법을 엄격하게 집행하겠다는 뜻으로 한 손에는 칼, 옳고 그름을 가르는데 편견을 버리고 공평하고 정의롭겠다는 의미로 다른 한 손에 든 것은 저울이다. 디케의 두 눈을 가린 헝겊은 재판을 할 때 주관성을 버리겠다는 뜻이다.

정의로운 법이 되려면 열린 법이 되어야 한다. ‘열린 법’이란, 입법 과정과 집행 과정에서 사람의 진실 된 마음을 읽고 바른 생각을 들어야 한다는 점을 강조하는 뜻이다.

법은 복종하게 하고 저항을 분산시키는 기능을 가지고 있다. 그런 이유로 자칫 법의 통제가 특정인의 경제적 권력을 쟁취하는 수단으로 이용되는 모순에 빠지기도 한다.

입법은 법의 실효성과 가치의 문제이므로 법과 사회의 관계를 바라보는 치열한 고민과 특정 집단이 아닌 국민을 위한 것인지, 입법자의 꼼꼼한 성찰이 필요하다.

서울 지하철 2호선 구의역에서 스크린 도어를 수리하던 열아홉 살 청년이 스크린 도어와 전동차 사이에 끼어 숨진 사건이 있었다. 그의 배낭에서 점심을 해결하기 위한 컵라면과 숟가락을 보며 마음 아파하지 않은 사람이 없었을 것이다. 참으로 차갑고 혹독한 사회라는 생각이 든다.

정규직을 꿈꾸며 오천만 원을 모으고자 애쓰던 한 청년의 죽음. 그에 대한 안타까움은, 신체가 훼손되어 아들을 알아보지 못하는 어머니 앞에서 할 말을 잃게 만든다.

이 와중에 정식 선임계가 없는 전화 변론, 수십억 원이나 되는 거액의 수임료가 우리 마음을 불편하게 한다. 청년이 몇 년 일해 모으고자 했던 오천만 원은 전관 변호사의 변론 전화 한 통이면 해결되고도 몇 곱절 남는다.

가습기 살균제로 수많은 인명피해를 낸 옥시의 유해성을 알고도 이를 방어하려고 전관변호사를 내세우려고 했던 대한민국 최대 로펌 김앤장에 대해서도 시비가 엇갈린다. 결국 폐해는 평범한 서민들의 몫이 되고 말 것이다.

지금의 사회현상을 보고 있으면, 진정한 법치나 정의는 눈에 잘 띄지 않는다. 이 사회가 자본과 권력의 편에 서서 정의롭지 못한 황제놀이를 하고 있는 그들에게만 기름진 땅인 것은 아닌지 걱정스럽다. 이것이 부끄러운 우리의 자화상이다.

법은 도덕 윤리와 함께 우리 사회에 정의를 실현하는 도구이다. 아니 어쩌면 법은 정의보다 선행되어야 한다. 너무 늦어버린 정의는, 정의가 아니다.

김영란법

◇◇◇◇◇◇ 김영란법 시행 첫날 신고 접수된 1호는 학생이 교수에게 건넨 커피 1캔이었다. 그동안 공동체 문화 속에 익숙해져 있던 관행들이 앞으로는 크게 달라질 것 같다.

국제투명성기구에서 발표한 국가 부패인식지수를 보면 OECD 34개국 중에서 한국은 27위라고 한다. 이제 공직자 등에 대한 부정청탁과 금품 수수를 금지함으로써 공직자의 공정한 직무수행을 보장하고 공공기관에 대한 국민의 신뢰를 보다 더 확보하게 되리라고 생각한다.

그럼에도 불구하고 법안을 둘러싸고 있는 논쟁이 뜨겁고, 이해관계에 따라 입장의 차이가 극명하다. 일부에서는 정책의 현실성을 외면하고 대중의 인기에만 영합하는 포퓰리즘 법이라 혹평하고 있다. 입법만능주의를 꼬집는 것이다. 법은 도덕의 최소한의 기준이 되어야하므로 모든 잘못을 형벌로 규정하는 것은, 문제가 될 수 있다.

농수축산업계와 요식업계는, 그렇지 않아도 먹고 살기 어려운 상황에서 서민 경제를 압박하는 처사라며 소비 위축에 따른 장기 경기 침체를 우려한다. 남해 재래시장에서 활어를 판매하는 상인은 김영란법 때문에 먹고 살기 어렵다고 하소연한다. 고통을 받고 있는 그분들의 모습이 떠올라 마음이 영 편치 않다.

'더치페이 좋지 않나요?'라고 하지만 아직 우리 정서와는 거리가 있어 보인다. 더치페이를 하면서 사람들과의 관계를 계속 이어가야 한다는 것이 쉬운 일은 아닌 것 같다. 누군가 밥 한 끼 하자고 할 때 나와 어떤 관계인지 먼저 따져봐야 한다는 게 불편하기 짝이 없다. '함께 밥을 먹었다가는 문제가 될 것 같기도 한데, 차라리 만나지 말자고 할까?'

당분간 김영란법 시행으로 사회가 다소 혼란스럽기도 할 것이다. 상대방에게 인색하게 느껴지거나 사람관계가 삭막해질 수도 있을 것이다. 그러나 개혁을 하려면 감수해야 한다. 사회정의를 위한 것이니 지켜보고 참으면서 기꺼이 적응해야 할 것이다.

김영란법이 국민의 기본권을 침해할 수 있다며 헌법소원을 제기한 취지도 이해가 된다. 그리고 오피니언 리더들이 우려하는 부작용도 이해가 된다. 그러나 그들이 하지 않아도 될 근심을 하는 것은 아닌지, 지나친 노파심은 아닌지 여부를 굳이 밝히려 하지 말고 다음 세대가 평가할 가치로 그냥 남겨 두기로 하면 어떻겠는가.

법 시행 과정에서 많이 불편할 것이고 진통도 겪게 될 것이다. 그러나 이 법의 시행으로 우리 사회가 더 성숙해지고 공정해진다면, 다음 세대에게 건네줄 수 있는 새로운 유산이 되지 않을까 싶다.

김영란법이 결국 자영업자나 서민들만 더 힘들게 만드는 것은 아닌지 걱정되지만, 조금 더 지켜볼 일이다. 김영란법이 우리 사회를 어제보다 더 투명하고 건강하게 만들어주기를 기대한다.

법으로 효자 만드는 불효자 방지법

◇◇◇◇◇◇ 부모를 섬기는 것도 약속이 필요하고, 각서도 유효한 시대다. 부모 잘 모시겠다고 효도 각서까지 쓰고 부모 부동산을 물려받은 아들이 그 약속을 어기고 부양의무를 소홀히 했다면, 부모에게 받은 재산을 다시 돌려줘야 한다는 대법원 판결이 나왔다.

현행 민법 556조는 부모가 자녀에게 재산을 증여하기로 하였으나 재산을 증여받은 자녀가 부모에게 범죄행위를 하거나 부모에 대한 부양 의무를 이행하지 않을 경우 증여를 취소할 수 있다고 되어 있다. 한편 민법 558조는 등기가 이미 넘어가 증여를 이미 이행한 경우 이를 취소할 수 없다고 규정하고 있다.

그런데 이번 대법원 판결은 부모가 자식에게 재산을 준 것을 '부담부 증여'로 본 것이다. 부담부 증여는 단순 증여와 달리 부담 의무를 진 사람이 의무를 다하지 않으면 이미 증여가 이뤄졌더라도 계약을 해제할 수 있다. 효도하지 않으면 증여를 무효로 한다는 각서가 있었기에 가능한 판결이었다.

재산을 줄 테니 효도를 해달라고 부모와 자식 간에 효도 계약을

체결하고 효도계약 조건과 맞지 않게 불효자로 돌변한 자녀에게 부모가 다시 재산을 돌려달라고 소송을 제기하는 이 팍팍한 현실을 어떻게 받아들여야 할지 난감하다.

국회에서는 불효자 방지법을 추진하고 있다. 부모가 자녀에게 재산을 증여했으나 부양 의무를 소홀히 하면 증여한 재산을 회수할 수 있도록 민법을 개정하자는 취지다. 자녀에게 이미 재산을 증여한 부모는 자녀의 범죄행위 이외에는 증여를 해제할 수 없다.

그런데 불효자 방지법에서는 부모에 대한 학대와 그 밖의 부당한 대우를 추가했다. 그리고 물려받은 재산을 자녀가 이미 다 써버린 경우에는 이를 물어내게 하는 내용도 포함시켰다. 부모의 권리를 찾아주기 위해 국가까지 나서서 사적 영역인 효를 법으로 강요하는 세상이 된 것이다.

전통 유교사상에서는 부모의 내리사랑보다 자녀의 효도를 강조하며, 오륜 중의 으뜸으로 부자유친을 꼽을 만큼 효를 중요하게 여겼다. 그런데 이런 상황이 되고 보니, 민망하지 않을 수 없다.

불효자 방지법이 기본을 바로 세우는 길이며, 효가 무너지고 있는 만큼 국가적 차원에서 나서야 한다는 얘기가 여기저기서 들려온다. 충분히 일리 있는 주장이다.

부모에 대한 패륜범죄가 끊이지 않고, 실제로 부모가 자식에게 부양료를 청구한 소송이 10년 사이 두 배 가까이 증가한 대법원의 자료만 봐도 상황을 짐작할 수 있다. 자식에게 부당한 대우를 받고 있는 부모를 보호하기 위한 법적 장치가 필요해 보인다.

그렇다 하더라도 법이 제정된다고 해서 그 취지에 맞는 사회 규범이 강제적으로 형성되는 것은 아니다. 그러므로 이 시점에 효의 근본과 인간성의 본질을 다시 한 번 되새겨보는 계기로 삼아야 하지 않겠나 하는 생각이 든다.

법은 도덕이 가져야 할 최소한의 범위이다. 법의 강제보다 도덕적 규범과 전통적 가치관을 먼저 생각하며 실천해야 할 것이라고 생각한다. 부모와 자식 간의 관계를 법의 틀 안에 가두어 강제한다면, 오히려 가족관계를 왜곡하고 불화를 키우는 부작용이 있을 수 있으므로 우려가 되기 때문이다.

법으로 지켜지는 효도가 진정한 효도인지, 자식이자 아버지인 나의 입장에서도 의문이 든다. 부모와 자녀는 자기 마음대로 선택하거나 바꿀 수도 없는 절대적인 천륜 관계로 맺어져 있다. 우선 나부터 부모에 대한 효를 모든 윤리적 행위의 근본으로 삼고 있는지 돌아봐야겠다. 그리고 인간의 도리와 존엄함을 지키고 실천하는데 가정에서부터 힘을 쏟아야겠다.

사형제도 존폐 논란

◇◇◇◇◇◇ 2012년 길 가던 20대 여성을 납치해 엽기적으로 살해한 오원춘의 사형 구형 소식이 전해지자, 사형제도 존폐에 관해 인터넷을 통한 찬반 논쟁이 점화되었다. 같은 해에 전남 나주에서 벌어진 초등학생 성폭행사건이 뒤를 잇게 되자, 사형제 존폐 논쟁은 세간의 관심을 끌며 한동안 세상을 뜨겁게 달구었다.

사형은 수형자의 생명을 박탈해 사회로부터 영구히 격리시키는 형벌로 생명형 또는 극형이라고 한다. 사형은 응보적 형벌로, 범죄행위에 상응하는 형벌을 가하는 것을 정의 실현으로 본 것이다.

사형제도는 역사가 오래된 가장 극단적인 사회방위처분이라고 할 수 있다. 사형은 극도의 공포심을 불러일으키는 형벌이며, 범죄 예방 효과가 큰 것으로 인식되어 왔다. 그러나 법치국가에서의 인권 보장이 강조되면서 그 적용 범위가 점차 축소 제한되고 있다.

1948년 건국 이후 사형제를 도입한 우리나라는 1949년 7월 처음으로 사형을 집행했다. 지금까지 살인 등의 강력 범죄자 562명, 정치ㆍ사상범 254명 등 모두 998명이 형장의 이슬로 사라졌다. 현재 우리나라 확정 사형수는 61명이다. 하지만 우리나라는 1997년 이후 20년 넘게 사형을 집행하지 않고 있다.

그래서 국제인권단체인 국제앰네스티AI는 연례 사형현황보고서를 발표하며 한국을 사실상 사형폐지국으로 분류했다. 하지만 아직까지도 '범죄억제' vs '생명권 침해'라는 주제로 사형제도는 끝없는 논란 속에 있다.

국회는 사형제도에 대해서 어떻게 생각하고 있을까? 300명의 의원 가운데 설문에 응한 221명의 32.6%72명가 '전면 폐지해야 한다'고 답했다. 이와 비슷한 33%73명가 '반인륜적 범죄를 제외한 모든 범죄에 대하여 폐지해야 한다'는 의견을 냈다.

반면 현행대로 유지해야 한다는 의견은 14%31명, '정치범 · 사상범 등을 제외한 나머지 범죄에 대해 현행 사형제도를 유지해야 한다'고 의견을 낸 의원은 20.4%45명였다. 반면에 일반 국민들은 10명중 7명이 사형제도 존속을 바라고 있는 것으로 나타났다.

사형폐지론의 주장 논거를 보면, 다음과 같다.

사형은 야만적이고 잔혹한 형벌이므로 인간의 존엄성과 가치를 인정하는 자유 민주사회에서는 허용될 수 없다는 주장이다. 재판이 잘못되었을 때 회복할 수 없는 형벌이며, 피해자의 민사상 구제에도 도움이 되지 않고, 일반 국민에 대한 위하력잠재적 범죄인인 일반인에 대한 위협을 통해 범죄를 예방하려는 힘도 생각보다 적으며, 정치범과 같은 확신범의 경우 범죄 예방의 효과도 없고, 죄인을 교화하는 교육형으로의 형벌 목적을 달성할 수 없는 원시적이고 무의미한 형벌이라는 것이다.

반면에 사형존치론의 주장 논거는 다음과 같다.

사형은 사람의 생명을 박탈하는 형벌이고, 생명은 인간이 본능적으로 가장 애착을 가지는 것이므로 다른 형벌이 갖지 못하는 특별한 범죄억제력이 있다. 형벌의 본질은 응보에 있으므로 살인을 저지르면 사형에 처해진다는 사실은 일반국민의 정의관념에 부합되고 사회적 정의를 실현하는 것이다. 타인의 고귀한 생명을 잔혹하게 빼앗은 흉악범에게는 인권 및 생명권을 보장할 필요가 없다. 국민의 세금으로 사형수의 숙식을 해결해 줄 필요도 없다. 그러므로 피해자의 상처와 감정을 조금이라도 치유시키고 살인자를 사회에서 영구히 격리하는 효과가 있다는 것이다.

이런 상반된 입장 속에서 열쇠를 쥐고 있는 정치권은 여론의 눈치를 보며 해묵은 논쟁에 종지부를 찍지 못하고 있다. 워낙 논란이 많은 사안이다 보니, 애써 외면하고 있는 것이다.

인간의 고귀한 존엄성인 인권이나 생명을 함부로 결정짓는다는 것은 무척 어려운 일이다. 그렇다고 피해자의 인권과 그 가족의 아픔을 외면한다는 것은 옳지 않다. 또한 사형제가 폐지되면, 극악무도한 범죄를 저질러놓고 죄책감이나 반성하는 기미도 보이지 않고 정신적인 치료마저 불가능한 사형수들을 우리 사회가 끝까지 책임져야 하는 것도 문제다.

사형제도 폐지가 세계적인 추세이긴 하다. 그리고 인간의 생명은 그 자체가 절대적 가치를 갖는 소중한 것이므로 다른 가치와 비교해 희생되거나 수단이 되어서는 안 된다.이런 측면에서 사형폐지 논의가 진행되어야 한다고 볼 수 있다.

그러나 현재 우리 국민의 법 감정과 사회여건상 사형제도를 폐지하기에는 시기적으로 이르다는 생각이 든다. 사회적 문화가 성숙하지 않았고, 또 그렇게 될 경우 사회적 혼란을 야기할 우려가 있기 때문이다.

사형제도 폐지는 충분히 공론화 과정을 거쳐 국민적 합의가 마련되었을 때 도입해야 하는 것이 옳다고 본다. 그렇다고 사형제도를 단순히 범죄자 개인의 문제로 봐서는 안 될 것이다. 해당 사건의 본질을 들여다보는 한편, 사회적 구조 및 환경을 점검해보며 사회안전망을 시급히 개선해야 할 점은 없는지 살펴보는 것 또한 필요한 일이라고 본다.

태아의 생명권인가, 여성의 선택권인가

◇◇◇◇◇◇ 3월 8일은 여성의 지위 향상을 위해 만든 '세계 여성의 날'이다. 이 날을 기해 낙태죄에 관한 찬반 집회가 열리는 등, 논쟁의 열기가 한층 뜨거웠다. 낙태가 태아 생명권을 침해한다고 주장하는 측과 낙태는 임신부의 자기결정권으로 여성이 선택할 권리라고 주장하는 측 사이에 쟁론이 팽팽했다.

2012년 헌법재판소는 낙태 시술을 하면 징역에 처하는 형법 제270조 제1항의 조항이 헌법에 어긋나지 않는다며 낙태 금지는 합헌이라는 결정을 내렸다. 하지만 헌법소원 심판에서 당시 재판관 4명만이 합헌 결정을 내렸고, 4명의 재판관은 반대 의견을 피력했다. '임신 초기에는 임신부의 자기결정권을 존중해 낙태를 허용해 줄 필요가 있다'고 지적한 것이다. 위헌 결정을 하려면 재판관 6명 이상의 동의가 있어야 하는데 2명이 부족했다.

생명운동 단체인 프로라이프 의사회가 출범하면서 일부 산부인과 의사들이 스스로 낙태를 근절하겠다는 선언하자, 낙태 문제는 잠시 사회적 이슈로 떠올랐다. 하지만 여성의 선택권을 통해 낙태 자유화를 주장하는 편에서는, 낙태 근절 운동은 많은 여성을 곤란

하게 할 것이라며 반대의사를 확고히 표명했다.

한국은 낙태가 가장 많이 행해지는 나라들 속에 속한다고 한다. 그러나 낙태가 불법이라 그 전체 숫자와 동향은 베일에 싸여 있다. 여러 경로를 통해 짐작되어지는 국내 낙태수술 건수는 연간 150만 여 건으로 추산되고 있다.

서울대 법학전문대학원 양현아 교수의 보고서에 의하면, 기혼여성의 53%가 1회 이상 낙태 경험을 가지고 있으며, 미혼여성의 약 30%가 낙태를 경험했다고 한다. 그리고 출산 경력이 없는 미산부의 46.6%가 낙태를 한 것으로 파악되고 있다. 놀라운 사실이다.

우리나라는 헌법상 최고 가치라고 할 수 있는 인간의 존엄성을 기반으로, 형법을 통해 낙태를 형사적 처벌을 하는 죄로 규정하고 있다. 형법 제269조와 제270조에서 밝힌 낙태죄는, '아직 태어나지 않았다 하더라도 태중의 아기는 인간 생명임을 전제로 해서 나온 것'이라는 입장이다.

그런데 모자보건법 제14조에서는 폭넓은 예외적 허용 사유를 두고 있다. 낙태를 합법적으로 할 수 있는 길을 열어둔 것이다. 낙태의 예외적 허용 범위가 광범위하다 보니, 우리 사회에서 낙태는 법적으로 별 문제가 없는 행위라는 인식이 있었다. 국가의 방임적 태도 또한 한 몫을 했다고 본다.

물론 어떤 낙태 찬성론자도 낙태를 가볍게 생각하지는 않을 것이다. 그리고 낙태를 바람직한 행위라고 생각하는 임산부들은 없을 것이다. 태아의 생명은 여성의 선택권과 갈등 관계에 있는 것이 아니기 때문이다. 태아의 생명은 모체의 생명 및 건강과 깊이 관련되어 있으며, 여성의 권리 또한 궁극적으로는 태아의 생명을 지키는 관계 속에서 의미가 있기 때문이다.

낙태 반대론자들은, 낙태는 무고한 생명을 죽이는 살인이라고 보고 있다. 그래서 낙태는 인간 생명에 대한 경시 풍조를 확산시키며, 가정을 파괴하고 성윤리를 타락시킨다고 주장한다.

반면에, 낙태 찬성론자들은 태아는 과연 성인과 동등한 자격과 권리를 갖춘 인간인가에 대한 물음이 전제되어 있다. 태아가 인간이라 하더라도, 이를 수태하고 있는 여성이 원하지 않는 임신을 끝까지 유지해야 할 책임이 있는가를 묻고 있다.

또 여성의 삶의 질, 나아가 여성의 생식과 관련된 자기결정권에 대해 페미니스트적 입장에서 주장하고 있다. 이 관점은 태아의 공공복리에 대한 물음도 포함하고 있다.

낙태에 대한 찬반 논의에서 두 가지 관점 중 어느 한 쪽만을 주목한다면 절대로 합의점을 찾을 수 없을 것이다. 낙태는 절대 있을 수 없는 일이 아니다. 원하지는 않지만, 생길 수도 있는 일이다. 여성들의 아픈 경험이 정책과 현장 속에서 존중될 수 있는 길을 찾는 것이 중요하다고 본다.

2019년 4월11일, 헌법재판소는 낙태를 금지하는 형법상 낙태죄 규정에 대해 '헌법불일치'결정을 내렸다. 사회가 국민 개개인의 자유 의지에 무게를 실어주는 듯하다. 헌법재판소에서 이번 결정을 위해 깊이 고민했을 것이라고 생각한다. 여성과 태아를 위해서라도 낙태죄를 바라보는 관점과 의미가 달라져야 할 것이다. 기본적 인권을 보장한 헌법의 정신 속에 성숙한 사회의식이 스며들어야 할 때라고 생각한다.

상가권리금 법제화

◇◇◇◇◇◇ 상가건물을 임대차할 때 임차인이 가지는 권리금 회수의 보호 방안이 담긴 상가건물임대차보호법 개정안이 시행에 들어갔다. 권리금은 점포가 보유하고 있는 고객과 영업 방식을 이어받는 대가의 돈으로, 바닥권리금상권과 입지, 영업권리금단골고객의 수, 시설권리금시설의 가치으로 구성되어 있다.

상가권리금 법제화는, 경제적 약자인 임차인의 권리를 보호하기 위해 임차인의 자산인 권리금을 제도적으로 보장하겠다는 취지이다. 그동안 많은 진통이 있어 왔으며 법제화에 대한 찬반 의견도 나뉘어져 있다.

찬성하는 사람들의 주장은 다음과 같다. 임차인은 임대차계약기간이 끝나더라도 자신이 주선한 신규 임차인을 통해 권리금을 회수할 수 있게 된다. 그러므로 만약 권리금 회수를 임대인이 방해할 경우 임대인에게 손해배상책임을 물을 수 있으니 자영업자들의 피해가 줄어들 것이라는 전망에서이다.

이에 대한 반대 입장은 다음과 같다. 권리금 법제화는 임차인만을 위한 제도이다. 특별한 사유가 없는 한 임차인이 주선한 새 임차인과 계약하도록 의무화한 것은 임대인의 사적자치민법의 기본원리로 사법상의 법률관계는 개인의 자유로운 의사에 따라 자기책임 하에서 규율하는 것이 이상적이라는 근대사법의 원칙를 침해한다는 주장이다. 이들은 권리금에 대한 배상의무를 임대인이 지게 되면 이를 임대료에 전가해 임대료를 상승시키게 될 것이며, 상가 투자가 위축되고 분양이 어려워질 것이라고 우려하고 있다.

또 다른 문제는 권리금에 대해 과세 부분이다. 지금까지는 권리금이 법의 영역 밖에 있어 과세 자료에 포함되지 않았지만, 앞으로 임차인들끼리 주고받는 권리금에 과세를 하게 되면 결국 자영업자의 부담을 키우게 될 수도 있기 때문이다.

우리나라 전체 권리금 규모는 33조원으로 추정된다. 권리금의 회수 방해 등에 따른 피해액만도 1조3000억 원으로 추산하고 있다. 그만큼 임차인이 보유하는 자산의 시장가치가 크고, 이를 회수하는 과정에서 발생하는 분쟁과 피해 사례가 많다.

우리나라는 지금까지 권리금 보호를 법적인 테두리 안에 들여놓지 못한 채 방치해온 셈이다. 그런데 이제 법제화를 통해 영세 자영업자인 임차인의 경제생활을 보장하겠다는 것이니, 그 자체만으로도 의미가 있는 것이 사실이다.

하지만 명확하지 못한 권리금 산정 기준으로 인해, 또 다른 분쟁을 유발하는 사례가 늘어날 것으로 본다. 권리금은 임차인의 영업활동 범위나 실적에 따라 그 가치가 매겨진다. 그러므로 무형의 재산적 가치를 구체적인 기준을 정해 계량화 한다는 것은 현실적으로 매우 어렵다. 권리금을 요구하는 임차인과 이를 인수하려는 새로운 임차인 사이의 권리금 거래를 방해해 손해배상의 책임을 질

전관예우 금지에 관한 단상

◇◇◇◇◇◇ 국민의 준법정신을 앙양시키고 법의 존엄성을 고취시키기 위해 '법의 날'이 지정된 지도 반세기를 넘겼다. 권력의 힘을 배제하고 국민의 기본권을 옹호하기 위한 목적에 부합되게 법이 지켜져 왔는지 의문이다.

그런데 기대되는 바가 있다. 돈과 권력에 의한 지배가 아니라, 국민의 권리를 구제하고자 하는 '민' 중심의 법치주의 확립을 위한 대한변호사협회의 사회정의 실천 의지와 노력이 그것이다.

"전관예우는 범죄입니다." 대법관의 변호사 개업 금지를 주장하면서 사법개혁의 명분을 찾고 있는 하창우 대한변협 회장이 한 말이다. 그의 태도가 예사롭게 보이지 않고 그의 말이 허투루 들리지 않으며 올바른 법조인의 철학이라고 느껴진다.

국가적 사무로 공적인 역할에 기여했던 사람들이 사적 이익을 향유하는 과정에서 국가의 사법작용을 사유화하여 법치주의를 유명무실하게 만드는 것은 부적절하다고 생각하기 때문이다.

'전관예우'는 전직 판사 또는 검사가 변호사로 개업하여 처음 맡은 소송에 대해 유리한 판결을 내릴 수 있도록 해주는 특혜이다.

이를 방지하기 위해 판사 검사 군법무관, 그 밖의 공무원이 퇴직한 후 변호사로 활동할 경우, 퇴직하기 전 1년 동안 근무했던 법원이나 검찰청 등 국가기관의 사건에 대해 퇴직일로부터 1년 동안 수임할 수 없도록 변호사법을 개정했다.

그러나 이를 어겼다고 하더라도 이를 제한할 별다른 처벌 규정도 마련돼 있지 않다. 대한변협이 자체 징계를 하도록 되어 있으나, 실제로 징계한 사례가 드물다. 처벌의 강도가 경미하여 실효성에 대해 논란이 있어 왔다.

사법부의 두드러진 전관예우는 우리 사회 전반으로 확산되어 각각의 이해관계에 따라 파벌을 조성하고 편협한 태도를 취해 할거주의적 행태를 조장함으로써 공평성과 합리성을 저해하고 있다.

특히 대법관 출신 변호사들은 선임계에 이름만 올려주는 방식으로, 도장 하나만 찍어주고도 3,000만원을 받는다는 사실에 입맛이 쓸 수밖에 없다. 사건을 수임하지 못해 사무실 운영조차 어려움을 겪고 있는 청년 변호사들의 시선을 굳이 들먹이지 않더라도 사회 일반인의 감정으로도 쉽게 용납이 되지 않는다. 그래서 대법관의 변호사 개업 금지가 전관예우를 철폐하는 단초라는 것이다.

법으로 엄연히 보장하고 있는 직업 선택의 자유를 누가 가로막을 수 있겠느냐고 하는 지적이 있을 법도 하다. 하지만 개인의 직업 선택의 자유보다 더 큰 가치는, 건전한 사법 풍토이며 국민들을 위한 법률서비스와 공익활동이다. 더 큰 가치를 위해 개인적인 직업 선택의 자유에 대한 차별은 필요하다는 것이 하창우 변협회장의 입장이다.

전관예우는 법치주의를 외면하고 자유와 공정에 반하여 도덕을 해하는 결과를 가져온다. 돈과 권력 있는 자들은 무죄가 되고, 돈도 권력도 없는 자는 유죄가 되는, 유전무죄 무전유죄의 세상이 되지 않도록 해야 한다. 약자와 빈자를 보호하는 법의 정신으로 헌법 제11조 1항 '모든 국민은 법 앞에 평등하다'는 구절이 헌법 조항 그대로 우리 생활 속에 보편적 가치로 실현되어야 할 것이다.

법의 제정과 적용이 정직한 사람을 분노하게 하고, 약한 사람을 슬프게 한다면, 입법부와 행정부, 사법부는 무엇인가를 잘못하고 있는 것이다. 국민의 권리를 진정으로 보장하는 길이 어떤 것인지 진지하게 고민해야 마땅하다.

인성교육진흥법

◇◇◇◇◇◇ 전인교육이라는 교육 본래의 가치를 회복하겠다는 취지에서 인성교육을 법으로 시행하게 되었다고 한다. 인간으로서의 존엄과 가치를 보장하고 건전하고 올바른 인성을 갖춘 국민을 육성하겠다는 것이다.

인성교육을 법에 맡기기 전에 그 근본을 생각하며 부모의 역할, 어른의 역할부터 생각해봐야 할 것이다. 세계 최초로 인성교육을 법으로 시행하면서 인성을 평가하고 점수를 매겨야 하는 우리 현실이 안타깝기도 하다. 이 법 시행을 계기로 민주시민의식, 타인존중의식, 자기존중의식이 지금보다 한결 더 높아지기 바란다.

세월호 참사 이후 인성에 대한 각성 요구가 봇물 터지듯 있어 왔고 이 분위기가 확산되면서 인성교육진흥법은 국회를 통과해 2018년 6월부터 국가와 지방자치단체, 학교에 인성교육 의무가 주어져 시행되고 있다.

이 법의 목적은, 대한민국헌법에 따른 인간으로서의 존엄과 가치를 보장하고 교육기본법에 따른 교육이념을 바탕으로 건전하고 올바른 인성을 갖춘 국민을 육성하여 국가사회의 발전에 이바지한다는 것이다.

인성교육이란, 자신의 내면을 바르고 건전하게 가꾸고 타인, 공동체, 자연과 더불어 살아가는 데 필요한 인간다운 성품과 역량을 기르는 것을 목적으로 하는 교육을 말한다. 그 핵심 가치와 덕목은 예禮, 효孝, 정직, 책임, 존중, 배려, 소통, 협동 등이며 이러한 마음가짐으로 사람다운 사람이 되는 것을 목표로 삼고 있다. 즉, 개인적인 자아실현을 위한 가치교육, 사회와 더불어 살아가기 위한 도덕교육인 셈이다.

인성이 제대로 갖춰져 있지 않은 사람에게 인격을 기대하는 것은 어려운 일이다. 그러므로 인성교육이 필요하다는 것에 거부감을 느끼는 사람은 없을 것이다. 하지만 인성교육을 법에다 맡기는 것이 합리적이며 최선인가는 생각해 봐야 할 것 같다.

인성이란, 보고 듣고 움직이며 어떤 것에 대해 깊이 생각하고 이치를 따지며 자기 이해와 성찰을 통해 체득되는 것이라고 생각한다. 그런데 그러한 인성을 교육의 내용에 제대로 담아 교육적인 효과를 얻으려면, 좀 더 체계적이고 실질적이라야 할 것 같다. 인성교육이 절실하게 필요하긴 하지만, 조급하게 밀어붙이는 방식의 교육으로는 부작용을 낳을 것이며 또 다른 사회적 문제를 일으킬 수도 있다고 본다.

자본주의 속에 급속히 핵가족화 되면서 상대를 뛰어넘고 상대를 극복해야 하는 상황속에서 남을 배려하고 존중하는 상생적인 인성을 기대하기 어려운 게 현실이다.

가정에서의 밥상머리 교육을 통해 자녀의 자존감을 세워주고, 성품을 칭찬하며, 동기를 유발하여 인성의 기초를 다질 수 있게 해줘야 할 것이다. 그리고 스스로 옳은 길을 선택할 수 있도록 사회성을 키워주어야 한다.

인성의 부재는 한 개인의 문제를 넘어 사회 문제가 되고 있다. 학교폭력, 자살, 군대 총기난사, 묻지마 살인, 분노조절 장애 등 많은 문제들의 원인을 보면 인성 결핍이 내재돼 있다. 그러고 보면 물질문명이 발전할수록 인간의 정신문화는 퇴보하는 것이 아닌지 염려가 된다.

다들 인성의 중요성은 익히 알고 있는데, 얼마나 인성이 황폐해졌기에 인성 교육을 법으로 제정하고 이행을 강제하게 되었겠는가. 인성교육진흥법 시행을 계기로, 우리사회 구성원들이 한결 같이 사람다운 사람으로 살아갈 수 있도록 인성에 대한 환기가 이루어지기를 바랄 뿐이다.

'한 나라의 번영은 그 나라의 군사력에 달려 있는 것이 아니라 국민들이 가지고 있는 인격의 총계에 달려 있다'는 스카우트운동의 창시자 베이든 포우엘Baden Powel의 말이 생각난다.

정당공천제

◇◇◇◇◇◇ 지방선거 때마다 기초단위 정당공천제 폐지 여부에 많은 사람들이 관심을 갖고 있다가, 시간이 지나면 또 없던 얘기가 되고 만다. 2005년 6월에 만들어진 지금의 정당공천제가 중앙정치에 예속되는 바람에 표출되는 문제점이 한, 두 가지가 아니다.

기초의원 정당공천제는 2006년 제4회 전국 동시 지방선거 때부터 도입됐다. 후보자를 올바르게 검증하고 유권자들이 제대로 정보를 접하며 정당의 책임 정치 등을 그 도입 이유로 꼽았다. 그런데 기초의회의 역사를 돌아보면 이 같은 기대가 충족된 적이 있었는지 찾아보기 어렵다.

기초자치 단체장이나 의원들은 주민을 보며 주민을 위해 일하기보다 자신의 공천을 결정하는 중앙정치의 눈치를 보기에 늘 급급해온 것이 사실이다. 그렇게 처신을 하므로 풀뿌리 자치의 자율성이 오히려 위협받는 측면이 있었다.

정당공천을 둘러싼 각종 비리와 불공정 시비도 끊이지 않았다. 불공정 시비는 능력이나 품성보다, 충성심을 가장 중요한 기준으로 공천한다는 데서 비롯된다. 정당공천과 지역주의가 결합할 경우 토착화된 비리와 지역주의를 재생산하여 정치적 다양성을 잃을 수 있다는 우려도 따라다녔다.

물론 좋지 않은 점만 있는 것은 아니다. 정당을 특정 선거에서 강제적으로 배제하는 것은 정당의 기능과 참정권을 침해하는 것이기 때문이다. 결과적으로 신진 · 소수 세력과 여성 또는 장애인 및 정치적 기반이 약한 전문가들의 참여를 봉쇄하는 부작용을 낳을 수도 있을 것이다.

그러나 기초의원 정당공천제 폐지에 찬성하는 헌법학자의 말이 수긍이 간다. 그는 중앙정부와 지방자치단체 간에 권력을 수직적으로 분배하는 문제는 서로 조화가 이루어져야 한다고 했다. 나아가 조화를 이루고자 하는 과정에서 입법부 또는 중앙정부에 의해 지방자치의 본질이 훼손되는 일은 어떠한 경우에도 허용되어서는 안 된다고 했다.

특히 지역적 한계를 극복하지 못하고 있는 우리나라의 정치현실 및 정당운영의 비민주성, 지연 혈연 학연이 좌우하는 선거풍토를 지적하지 않을 수 없다. 지방자치를 실시한 경험이 부족한 상황을 감안하지 않고 그 밖의 공직선거와 마찬가지로 기초의회의원 선거에도 정당추천 후보자의 참여를 허용한다면, 정당은 그 후보자의 당락뿐만 아니라 선출된 의원의 의정활동 전반에 걸쳐 직 · 간접으로 영향을 미칠 수밖에 없다. 지역의 특성에 따라 자율적으로 운영되어야 할 기초의회가 형해화 될 수도 있을 것이다.

공천이라는 연결고리를 통해 풀뿌리 자치민주주의가 중앙 정치에 휘둘리는 폐해가 만연해있는 것을 국회의원들이 모를 리 없다.

사회적 편익을 가져다주는 절대적인 해답이 될 것인가 여부에 대하여도 좀 더 생각을 해봐야 하겠지만, 국민 주권의 체제에서 '정치는 국민의 것'임을 염두에 둬야 한다.

기초의원 정당공천제 폐지 법안은 여러 차례 국회에 상정되었지만 국회의원들이 외면하는 바람에 매번 무산됐다. 역대 대통령들도 기초의원 정당공천제 폐지를 약속했다. 그러나 한 발자국도 나아가지 못했다.

공천권을 볼모로 지방 정부를 장악하려는 국회의 모습은, 자치분권이 강화되고 있는 이 시대와는 분명히 잘 맞아들어가지 않는 톱니바퀴 같다. 생활정치를 도맡을 지역 일꾼을 뽑는 선거에 중앙정치가 끼어들 이유가 없다. 기초의원 정당공천 폐지에 대해 인색한 이유를 알기에 더 불합리하게 느껴진다.

숙의민주주의

◇◇◇◇◇◇ 사람의 생각이 다 같을 수는 없지만, 갈수록 갈등이 심화되고 있으며 찬반으로 겨루는 힘도 드세어지고 있는 것 같다.

다양한 생각들이 함께 어울리게 되면, 견문을 넓혀주고 사회 발전에도 이바지한다. 그런데 자신의 신념과 일치하는 정보는 기꺼이 받아들이지만, 신념과 일치하지 않는 정보는 철저히 무시하려는 확증 편향이 문제다.

'옳다', '그르다'로 모든 것을 재단하기 때문에, 한쪽으로 생각이 사로잡힌 상태에서는 중립까지 가는 것도 그 길이 아득히 멀기만 하다. 다른 생각이 비집고 들어갈 틈조차 없는 이 다양한 의견들을 어떻게 통합시켜야 할 것인가.

이러한 때에 찬반이 뚜렷한 사안에 대한 '숙의형 여론조사'라고 하는 공론조사가 처방으로 제시되고 있다. 시민들에게 다양한 정보와 사안을 학습시킨 뒤 토론을 거쳐 의견을 수렴하게 되므로 좀 더 합리적인 선택이 가능할 것이라고 기대하고 있다.

그렇다고 해서, 정책을 결정할 때마다 시민들에게 직접 물어보는 것이 옳은지, 주민들의 갈등이 심화된다는 이유로 항상 숙의민주주의로 해결해야 하는 것이 옳은지 더 깊이 생각해봐야 할 것 같다.

리더의 생각보다 숙의 과정에서 모인 의견이 옳지 않을 수도 있고, 책임을 주민에게 전가한다는 비난을 받을 수도 있다. 전문적이거나 기술적인 선택을 공론화 대상으로 넘긴다는 것은 결과적으로 오류가 생길 수 있으므로 신중해야 한다.

숙의를 의사 결정의 중심으로 삼겠다는 민주주의 형식은 민의를 존중하는 차원에서 반길만한 일이다. 하지만 우리는 이미 국회의원과 지방의회 의원을 선출해 이들에게 결정 권한을 위임했다. 그런데 다시 시민참여단이라고 하는 유권자 중 일부에게 되물으려 하는 것이 과연 옳은 것인지는 한번 짚어봐야 한다.

애매하거나 논란이 있는 사안마다 대중들의 선호도에 따라 의사가 결정된다면, 대의제의 기능이 위축되거나 침해받게 될 것이다. 그런데도 시민들과 충분히 의논한 후에 결정해야 할 내용이라면, 대의기관인 국회나 의회에서 먼저 공론화의 필요성을 확인해보는 것도 나쁘지 않다고 생각한다.

이제 좀 다른 관점에서 살펴보기로 하자. 행정과 정치는 누구를 위해 하는 것인가. 시민의 삶과 밀접한 일에 대해서는 좀 더 광범위한 의견수렴이 필요하다고 보는 것도 시대의 맥락이다. 다만 그 절차와 방식이 정당해야 하고 과정이 객관적이어야 한다.

1988년 공론조사를 최초로 제안한 제임스 피시킨 미국 스탠퍼드대 교수는 오랜 기간 숙의민주주의에 관해 연구해왔다고 한다. 그가 제시하는 몇 가지 주목할 만한 부분들을 한 번 살펴보기로 하자.

적법하고 합리적인 숙의민주주의 이행을 위해 주목해야 할 점은 아래와 같다.

첫째, '정보'가 있어야 한다. 관련된 데이터는 모든 참여자에게 정확하고 자유롭게 이용되어야 한다.

둘째, '실질적 균형'이다. 서로 다른 입장은, 그것을 뒷받침하는 증거에 기반을 두고 비교되어야 한다.

셋째, '다양성'이다. 가까운 현실 문제와 관련되어 있으며 대중에 의해 제기된 모든 중요한 입장들이 고려되어야 한다.

넷째, '양심성'이다. 참여자들은 모든 논쟁을 양심에 따라 진지하고 신중하게 평가해야 한다.

다섯째, '동등한 고려'이다. 자기 생각을 옹호하기만 할 것이 아니라, 객관적인 증거에 기초하여 평가되어야 한다.

숙의민주주의 방법으로 문제를 해결하겠다던 신고리 원자력발전소 공론화, 2022 대입개편 공론화, 제주 녹지 국제병원 공론화, 부산시의 오페라하우스 건립 중단 공론화, 광주시 도시철도 건설 방식 공론화 등의 과정을 보면 공통되어 있는 불합리한 점이 눈에 띈다.

숙의민주주의를 이미 결론 내려진 정책을 합리화하는 도구로 쓰는 경우, 공론 주제와 상관없는 시민을 기계적으로 참여단에 넣은 경우, 국가 신인도를 고려하지 않은 경우, 고도의 전문성이 요구되는 영역에 전문성이 모자라는 대중을 참여 시키는 경우, 과연 올바른 결론에 이를 수 있을까 하는 점이다. 겹쳐지는 문제점들을 살펴봄으로써 가르침을 얻어야 할 것이다.

최근 망운산 풍력발전단지 건설과 군청 청사 이전을 두고 숙의민주주의로 해결하자는 의견이 많다. 숙의민주주의는 토론하는 민주주의이다. 토론 과정을 거쳐 합의에 도달하는 방식, 그 핵심은 결과보다 숙고하는 과정에 있다.

숙의민주주의가 대의민주주의의 한계를 극복하면서 새로운 갈등 관리 모델로 정착하기 위해서는 정보가 얼마나 진실 되고 균형 있게 제공되는지, 대중은 이를 얼마나 숙지하고 있는지가 중요하다. 그에 따라 사회적 수용성도 재고될 수 있다.

숙의민주주의를 요구하는 사람도, 보고 싶은 것만 보려고 하면 안 된다. 토론과 성찰을 통해 기존의 관점을 변화시키려는 성숙한 의지가 준비되어 있는지 살펴봐야 한다. 공정하게 의논하는 공론公論이 실속 없는 빈 논의의 공론空論으로 끝나서는 안 되기 때문이다.

연대보증제도 폐지

◇◇◇◇◇◇ 연대보증제도는 은행이 돈을 빌려줄 때 빌린 사람이 빚을 갚지 못할 경우에 대비하여 일정한 자격 요건이 되는 제3자를 보증인으로 세우도록 한 제도이다. 일반적으로 가까운 친지나 지인 등이 보증인이 되는 경우가 많다.

알다시피 외환위기 이후 연대보증으로 인해 많은 사람들이 빚더미에 앉게 되어 사회문제가 되기도 했다. 지금도 보증을 잘못 서서 신용불량자가 되거나 채권자의 법적조치로 인해 보증인의 가계경제가 무너지고 심지어 가정파탄에 이르는 경우를 종종 본다.

이러한 소비자의 피해를 원천적으로 방지하기 위해 금융위원회는 2018년 개인 연대보증제도를 전면 폐지했다. 사회적 병폐를 해소하고, 이를 계기로 고객의 신용도에 기반을 둔 신용대출제도를 발전시키기로 결정한 것이다.

그동안 연대보증제도는 물적 담보 능력이 없는 개인이나 기업의 신용을 보완해줌으로써 경제활동을 원활하게 만들어 왔던 순기능적인 측면이 있었다. 금융기관의 입장에서도, 자금 지원자에게 자금을 받아, 자금 수요자에게 중개하는 간접금융이 원활하게 운용되도록 해주는 유익한 기능이라고 볼 수 있을 것이다. 이래저래 채무자와 금융기관의 이익 증진에 보증인이 이바지 해왔다는 것은 틀린 말이 아니다.

연대보증제도는 결국 주 채무자의 채무불이행 위험을 보증인이라는 다른 경제주체가 부담하는 것이다. 그래서 때로는 금융기관이 주 채무자의 신용상태를 적극 고려하기보다 보증인만 믿고 쉽게 대출해주는 도덕적 해이가 일부 있었던 것 또한 사실이다. 보증인이라는 든든한 존재가 있었으므로 주 채무자 개인의 신용평가와 리스크 관리에 소극적일 수 있었기 때문이다. 이러한 일부의 지적에 대해 금융권이 크게 반발할 수는 없으리라고 본다.

이유야 어찌됐던 이웃이나 친지의 부탁으로 어쩔 수 없이 보증을 서주고 전전긍긍해왔던 일들이 사라질 것이라고 생각하면, 연대보증제도 폐지는 참으로 다행스러운 일이다.

그러나 한편으로는, 물적 담보를 제공하지 못하는 서민들이 돈을 빌릴 기회를 박탈당하게 되는 것은 아닌지 걱정스럽다. 금융기관의 리스크 관리 강화로 집집마다 금리 인상의 부담을 안고 있는데, 이런 상황에서 금리가 높은 사채시장으로 내몰리는 일은 없어야 할 것이다.

그동안 연대보증제도는 채권자의 권리를 강화하기 위해 보증 채무에서 보충성을 박탈하고 신용평가 시스템을 제대로 정착시키지 못하면서 금융회사의 책임성을 약화시켜왔던 관행이라는 지적이 있어 왔다.

연대보증제도 폐지가 금융 부문 발전과 원활한 경제활동을 위한 조치라고 한다. 어찌되었든 가진 재산이 없어 담보를 제공하지는 못하지만, 하루하루 성실하게 일해 대출이자 넣고 원금을 갚아나가고 있는 서민들이 꼭 필요한 대출을 받을 수 있는 창구가 줄어드는 일은 없었으면 좋겠다.

학교폭력 남의 일이 아니다

◇◇◇◇◇◇ 최근 청소년들을 위협하는 학교폭력은 그 유형이 다양해지고 수위 또한 점차 도를 넘고 있다.

2018년 전국 초, 중, 고등학교 학교폭력 실태조사에 의하면, 최근 1년 간 학교폭력 피해율이 20%에 가깝다고 한다. 그중에서 1/3 정도의 학생들은 죽고 싶을 만큼 고통스러워 자살의 충동을 느꼈다고 할 정도이다. 이쯤 되면 학교폭력으로 인한 피해자의 심리적 고통이 심각한 수준에 이른 것으로 보인다.

남해 어느 고등학교에서도 한 여학생이 학교폭력으로 시달리다 다른 학교로 전학을 가는 일이 벌어졌다. 학교도 나름 속사정이 있을 것이라고 생각한다. 그러나 학교폭력은 어떤 경우에도 피해 학생 중심으로 문제를 해결해야 한다. 그런데도 어린 나이에 가까운 집을 두고 부모와 떨어져 혼자 생활하는 그 여학생을 보니, 학교의 대처가 못내 아쉽다.

학교폭력은 몇몇 사람들의 의지로 예방되거나 근절되지 못하기 때문에 다양한 역할과 노력이 필요하다. 먼저 교육당국은 학교폭력으로부터 학생을 보호할 수 있는 전담 기관의 설치 확대에 노력해야하며, 학교폭력에 대한 교사의 문제 접근 방식이 제대로 이루어지도록 교사의 전문성과 역량을 강화시켜야 한다. 아직까지도 학교폭력 예방 및 대책에 관한 법률을 제대로 인식하지 못하거나, 학교폭력예방특별법을 학교 선도 규정쯤으로 착각하는 교사가 있기 때문이다.

학교 또한, 사건이 벌어졌을 때 적당히 마무리하고 대충 덮으려는 생각을 버려야 한다. 학교폭력으로 상처를 입은 학생의 심리적 안정과 치유를 먼저 생각해야 마땅하다. 그런데 학교의 체면과 공신력을 지키겠다고 사태를 제대로 해결하려 하지 않으려는 경우가 많다. 그런 이유로 학교폭력의 실제적인 예방 및 근절이 뒷전으로 밀려나는 경우가 많다.

'학교폭력대책자치위원회'도 그 이름만 걸어놓고 있을 것이 아니라, 목적과 취지에 부합하도록 실용적으로 운용이 되어야 한다. 그리고 학교폭력이 생겼을 때 공정하고 합리적으로 분쟁을 조정할 수 있어야 할 것이다.

학교폭력의 약 80%는 교내에서 발생한다. 담임교사의 역할이 얼마나 중요한지 보여주는 부분이다. 학교폭력으로 인한 피해 학생이 생기지 않도록 사전 지도가 필요하다고 생각한다.

담임교사는 피해 학생과 가해 학생이 보이는 징후를 파악해, 해결할 수 있는 것과 해결할 수 없는 것을 냉엄하게 구별해 내는 것이 필요하다. 학교폭력 피해 학생을 제대로 돌보지 못하고 가해 학생에게 적절한 조치를 취하지 못하게 되면, 교사 또한 학교폭력의 방조범이 될 수 있음을 냉정하게 인식해야 한다.

또한 지역사회 주민들의 인식 개선도 필요하다고 본다. 지난해 전국학교폭력 실태조사에 의하면, 학교폭력이 왜 발생하는지에 대한 질문에 청소년들은 '교사, 학부모 등 어른의 무관심'이라고 응답한 비율이 13%로 나타났다. 사회적 역할이 어떠해야 하는지 암시하는 바가 크다.

산업화가 급속히 진행되고, 핵가족화 되어가면서 맞벌이 가정 또한 점차 늘어나게 되자 개인주의적 경향이 짙어져 인성교육이 제대로 이루어지지 못하는 것도 학교폭력의 원인 중의 하나라고 생각한다. 평소에 자녀들의 올바른 가치관 정립과 도덕성 함양을 위해 배려, 공감, 협동심, 자아 존중감을 길러주어야 할 것이다. 생활 속에서 맞닥뜨리게 되는 여러 문제를 학생이 슬기롭게 헤쳐 나갈 수 있도록 부모의 적극적인 관심이 절실히 필요하다.

학교폭력의 피해자는 마음과 몸이 피폐해지게 되며, 가해자는 무감각한 죄의식으로 정체성이 훼손되고 사회성 또한 결핍되고 만다. 결국 미성년자인 양자 모두 피해자가 될 수밖에 없다.

학교폭력 문제의 직접적 당사자인 학생, 교사, 학부모뿐만 아니라 지역사회도 학교폭력에 대한 위기의식을 갖고 함께 고민하며 학교폭력이 발생하지 않도록 관심을 기울여야 할 것이다.

가계부채 1500조

◇◇◇◇◇◇ 옛말에 '외상이면 소도 잡아 먹는다'는 말이 있다. 뒷일은 생각하지 않고 일단 쓰고 본다는 말이다.

2018년 4/4분기 가계부채가 1,500조원을 넘었다. 5년 만에 500조원이 는 것이다. 가계부채는 일반가계가 금융기관에서 직접 빌린 돈과 신용판매회사 등을 통해 외상으로 구입한 금액을 합한 것이며, 사채공식적 통계 어렵지만 최소 100조원 추정는 여기서 제외된다.

이러한 규모는 국내총생산GDP 대비 가계부채 비율 95%이다. 세계 7위이면서 개발도상국을 넘어 선진국으로 향하는 17개 신흥국 가운데 1위를 차지하고 있는 셈이다. 이 수치는 중국의 49%에 비해 거의 2배에 가깝다. 이러한 상태로 가다가는 경제를 위협하는 뇌관이 될 수 있다는 우려가 허투루 들리지 않는다.

물가는 오르는데 소득은 제자리고, 그렇다고 살아오던 방식을 바꾸자니 그것도 쉽지 않아 갚을 생각은 뒷전이고 우선 빌려서라도 쓰고 본다. 대부업체에서는 연일 돈을 쓰라고 성화다. 대출을 권하는 전화나 문자가 심심치 않게 핸드폰을 울린다. 빚을 권하고 이를 쉽게 수용하는 사회가 가계부채의 늪으로 전국민을 몰고 가는 것은 아닌지 염려가 된다.

우리나라의 가계부채 증가율은 가처분소득 증가율에 비해 3배나 높다. 빚을 갚을 여유는 없는데, 살림살이는 더 나빠지고 있다는 것을 보여주고 있다.

가계부채는 심각한 상태이다. 경기는 장기간 침체되어 있으며, 개인 소득은 극도로 불균형한 상태로 양극화 현상을 보여주고 있다. 그런데도 대출은 지속적으로 증가하고 있는 것이다. 물론 저금리의 영향도 있겠지만, 일종의 경제적 불평등과도 관련이 있어 보인다. 실로 가슴 아픈 현실이다.

그렇다고 내 가계의 재정건전성을 좋게 만들어 줄 사람이 자신 말고 누가 있겠나? 남의 돈을 빌려 쓰는 내 의식을 한 번쯤 점검해 봐야 한다. 신용대출을 받으면서 어떻게 벌어 언제까지 갚을 것인지 구체적인 상환 계획은 세워두고 있는지, 부동산을 담보로 대출을 받으면서 금리가 인상하거나 부동산 가격이 하락하는 등의 상황을 고려하고 있는지, 지금 당장 갚지 않더라도 할부를 통해 차근차근 갚으면 된다는 생각으로 느긋하게 생각하고 있는 것은 아닌지 살펴볼 일이다.

집은 보유하고 있지만 무리한 대출로 인한 이자 부담 때문에 빈곤하게 사는 하우스푸어, 일을 해도 경제적 빈곤에 허덕이는 근로빈곤층 워킹푸어, 소득보다 지출이 많은 상태임에도 평균 이상의 교육비를 지출하며 빈곤하게 사는 에듀퓨어와 같은 상황을 만들어 온 것은, 이런 느슨한 의식 때문은 아닐까.

정부는 이런 저런 처방을 내어놓는다. 그러나 실효성 없는 가계부채 대책은 오히려 서민들 살림살이를 옥죄는 규제가 될 뿐이다.

가장 좋은 방법은 노동자의 월급이든, 자영업자의 수입이든, 그 돈으로 빚을 갚게 하는 것이다. 벌어서 갚기는커녕 더 빚내서 살아갈 수밖에 없는 현실을 바로 잡는 것이 필요하다.

선거를 앞둘 때면 부채 탕감을 공약으로 내거는 모습을 종종 본다. 늘어나는 가계부채를 해결한다고 빚을 탕감하는 것이 과연 합리적인 대책인지 의문이다. 포퓰리즘일 수도 있고, 어려운 과정에서도 성실하게 빚을 갚아나가는 다른 이들과의 형평성에도 문제가 된다. 빚을 낸 사람들의 도덕적 해이도 문제가 되고, 자금을 대출해준 금융기관이 피해를 받을 수도 있어서 걱정이다.

하지만 아끼고 아끼면서 아등바등 살아도 대출은 쌓여가고 이자 걱정에 연일 허리띠를 졸라매면서 성실하게 살아가는 서민들의 채무가 탕감될 수만 있다면, 고마울 것 같기는 하다.

빚이 쌓이는 속도가 돈을 벌어들이는 속도보다 훨씬 빠른 현실이 걱정스럽다. 남의 돈을 빌려 쓰는 일은 자신의 미래 시간을 가져다 쓰는 위험한 도박이다.

윗돌을 빼서 아랫돌을 괴는 식으로 빚을 얻어 빚을 갚는 악순환의 고리는 끊어야 한다. 빚으로 지은 집은 위험하다.

정치와 인문학

◇◇◇◇◇◇ 정치는 사람을 향해 대문을 여는 일이기도 하지만 한편으론 여백을 남기는 일이다. 여백은 비어있는 부분이다. 비워져 있는 부분은 늘 탐구의 대상이다. 여기에 인문적 소양이 관여하게 된다.

인문학은 사람에 대한 문제이므로 자기중심이 아닌 시민 중심의 휴머니즘과도 관련이 있다. 정치도 인문의 시대다. 세상의 많은 문제는 인간의 고통으로 그 모습을 드러낸다. 시민의 고통을 대면할 용기가 없는 정치인은 인문학적 소양이 결핍된 사람이다.

국가의 최대 자산은 국민이다. 정치는 사람을 향해 크나큰 문을 여는 일이다. 정치라는 것이 통치와 지배, 이해관계의 대립과 분쟁을 겪으면서 복종하고 때론 협력하고 저항하다가 종국에 이르러 의견 차이를 조정하며 사회 질서를 회복한다.

정치가 사회 구성원의 주체적 참여를 통해 결정되는 자치의 형태를 보이건, 소수의 사람에 의한 결정으로 전 구성원이 강제되는 통치의 모습을 띄건, 정치는 우리가 거부하거나 외면할 수 없는 필연적인 것이다.

정치는 여백을 남기는 일이기도 하다. 여백은 인간적인 배려인 동시에 아직 가시지 않고 남아 있는 운치이며, 생명을 부여받아 인간의 육체에 깃들어 있는 삶의 여운과도 같다. 여백은 지금 내 눈앞에 보이지 않지만, 느껴지고 기대되는 것이며 인문학적인 소양이나 철학적 통찰과 같다.

르네상스 시대의 휴머니즘을 더듬어본다. 습관이나 사상이 나와 똑같아야 인간다운 인간이라 생각하고, 그 밖의 인간은 모두 인간의 규범에서 벗어난 존재라고 생각하는 것이라면, 그야말로 독단적인 사고방식이라 하지 않을 수 없다.

휴머니즘의 본질은 자기중심주의에 있지 않다. 끊임없이 자신을 초월하고자 함으로써 자기를 실현해나가는 것이다. 그래서 휴머니즘과 인문학은 관련이 깊다. 인문학은 사람에 대한 문제이다. 낮은 사람, 아픈 사람, 소외된 사람 등 가릴 것이 없다. 어쩌면 벼슬이나 신분적 특권을 갖지 못한 서민일수록 더 깊은 통찰을 통해 인간에 대한 가치를 탐구할 수 있을 것이다.

정치도 이와 궤를 같이한다. 정치 역시 통찰을 소홀이 할 수 없다. 통찰은 자기를 둘러싸고 있는 환경을 새로운 시점에서 진지하게 파악하는 일이며, 남을 가르치거나 교화하기 전에 자기 내부 문제의 본질을 이해하는 능력이다.

통찰은 자아가 강화되지 않으면 어려운 일이다. 통찰이 가능하려면 주위의 상황을 새로운 관점에서 종합적으로 고쳐보고 새롭게 디자인해야 한다.

큰 산을 보지 못하고 눈앞의 나무 한 그루에 집착하는 것은 근시안적인 시선 탓이다. 이러한 오류는 내가 보고 싶은 것만 골라 보기 때문이다. 이럴 때 처방은 인문학을 공부하는 것이다. 그 때 비로소 외눈박이식 사고방식에서 벗어나 다양한 것을 있는 그대로 바라보는 시야를 확보하게 된다.

정부도 인문학 부흥에 바쁘다. 국민의 인성과 소양을 넓혀줄 인문학진흥법이 제정되어 국회를 통과하여 시행을 앞두고 있다. 인사혁신처는 합리적이고 올바른 국가관을 가진 인재를 등용시키기 위해 새로운 시도를 하고 있다. 공무원 시험에 목민심서, 논어 등 인문학 필독 도서 50권을 지정한 것이다. 그리고 면접에서 이에 대해 질의함으로써 인문학적 소양이 바탕이 된 인재를 선발하려고 노력하고 있다.

교육부도 연간 600억 원을 대학에 투자하면서 인문학 살리기에 적극적으로 나섰다. 인문학이 우리 삶의 뿌리이자 줄기가 되기 때문이다. 정치도 인문학을 공부해야 한다. 상식과 원칙을 바로 세우기 위해 소통하고, 통섭과 융합의 시대로 나아가기 위해 환골탈퇴해야 한다. 정치인이 대중의 고통과 대면할 용기가 없다면, 그것은 인문학적인 소양이 부족해서 그런 것이다.

기업의 사회적 책임

◇◇◇◇◇◇ 기업의 사회적 역할이 커지고 기업에게 요구하는 책임도 커졌다. 국가 발전과 경제 구조를 규정할 수 있을 만큼 대규모화된 기업 활동은 사회적으로 큰 영향을 미친다.

기업은 존재 자체만으로 이미 사회적 책임을 다 한다고 생각할 수도 있다. 하지만 기업이 성장, 발전하는 것은 기업 혼자만의 힘에 의한 것이 아니다. 주주, 경영자, 종업원, 소비자, 지역사회 등 많은 사람과 여러 조직 등이 얽히고설켜 관계를 맺고 있다.

기업의 목적이 최대 이윤의 획득이라 할지라도, 기업이 지니는 사회적 영향력을 고려해 독선적인 경영이나 일방적인 이익 추구를 해서는 안 될 것이다. 물론 사회에 대하여도 일정한 책임감을 마땅히 가져야 할 것이다.

기업의 사회적 책임은 막중하다. 기업이 지속적으로 존속하기 위한 이윤 추구 활동뿐만이 아니라, 법령과 윤리를 지키는 한편, 사회에 긍정적인 영향을 미치는 책임 있는 활동을 해야 한다는 점이다.

각국의 경제 사회 상황이 각기 다르므로 기업의 사회적 책임에 대한 인식이 차이가 날 수밖에 없다. 그러나 일반적으로 기업의 사회적 책임은 다음과 같은 4단계로 구분할 수 있을 것이다.

제1단계는 경제적 책임이다. 생산 활동을 통해 부가가치를 창출하고 고용 및 유효 수요를 창출하는 등, 사회적 기여를 뜻한다.

제2단계는 법적 책임이다. 기업이 사회가 만들어놓은 법의 테두리 안에서 경영을 해야 하는 책임을 의미한다.

제3단계는 윤리적 책임이다. 환경과 윤리 경영에 가치를 두고, 사회적 약자나 소수 인종에 대한 공정한 대우 등 사회가 기대하고 요구하는 바를 충족시킬 수 있어야 한다.

제4단계는 자선적 책임이다. 자발적인 책임의 수행이나 경영활동과는 직접 관련이 없는 문화 활동, 기부, 자원봉사 등 사회 공헌 활동 등을 뜻한다.

최근 들어 기업이 펼치는 사회공헌활동의 자선적 책임이 기업의 부가가치를 더 높여주고 있다는 것을 알 수 있다. 진정으로 온정의 손길을 베푸는 기업에게 소비자는 후한 점수를 매기기 마련이다. 그리고 그 기업의 제품을 선호한다. 구매 빈도가 많아지면 기업은 더 많은 이윤을 추구하게 되고, 그 이윤을 사회에 다시 환원하는 환류 작용을 하게 되는 것이다.

기업은 사람들이 살아가는 사회 속에 존재한다. 기업의 이익을 사회활동으로 환원하는 것은, 사회 자원을 바탕으로 이윤을 얻었으니 그 일부를 사회에 돌려주는 것은 당연한 이치라는 인식이 형성되었기 때문이다.

그렇다고 기업의 사회적 책임을 일반화하면서 소비자들에게 환심을 사기 위한 수단으로 환원한다면 그것은 의미를 갖지 못한다.

기업의 사회적 책임은 지속적인 행위라야 한다. 보여주기 식 단순 기부, 혹은 회사 돈으로 대표자 개인이 생색내기 위한 자선에 소비자는 속지 않는다.

사회적 책임이라는 개념은 단순한 '비용'의 문제가 아니라, '윤리' 차원에서 해석되기 때문이다. 기업뿐만이 아니다. 기관이나 단체도 지역사회 발전과 사회적 약자를 위해 어떤 일을 해야 하는지 한 번쯤 찾아보고 진중하게 고민해 볼 일이다.

기업의 사회공헌사업은 이제 선택이 아니라 기업 경영의 필수요소이며 사회공동체 중심을 추동하는 메커니즘이 되어가고 있다.

진정성이 묻어나는 정직한 나눔과 배려는 그 기업의 품격이 되고 가치가 된다. 기업의 인간적인 개발지수는 사회와 상생하고 공존하는 것에서 나오는 것임을 명심하자.

5부

내 사랑 남해

노인대학 특강
적십자 봉사 초년병
함께 걸으면 아름답고 행복한 동행
제1호 여성상 수상자 심사
화합과 상생의 보물섬이 되길 바라며
살만한 세상이 되게 하는 베풂 행정
지방자치의 꽃, 의회에 달렸다
문화콘텐츠의 보물 상자, 작은 영화관
멀리 가려면 함께 가야 한다
도시 사람이 남해에 바라는 것
빗장을 풀어야 할 공용터미널
남해군의 속살을 들여다 본 결산검사
지역 언론에게 바란다

노인대학 특강

◇◇◇◇◇◇ 3년쯤 전의 일이다. 특별한 곳으로부터 특강을 해달라는 요청을 받았다. 그곳은 삼동면에 있는 합동경로회 부속 삼동합동 노인대학이었다. 노인대학생이 백여 분 계신데, 지금은 세상을 떠나신 조태명 어르신이 학장을 맡고 계셨고, 이치영 어르신이 총무를 맡아 수고하고 계셨다.

삼동면은 내가 태어난 고향인데다가 지금까지 살고 있는 곳이라, 아버지 친구분도 계시고 집안 어르신들도 계셔서 낯이 익다. 노인대학에 다니시는 어르신들은 대부분 내가 새마을금고에 근무할 때 고객으로 모셨던 분들이라, 오가며 인사를 드리는 분들이시다.

부족한 나를 초청하여 준 것에 대한 고마움을 어떤 강의로 돌려드려야 할지 걱정이 되었다. 경험과 경륜이 풍부한 노인대학생들께 어떤 내용의 강의를 해야 하나. 강의 주제를 정하기가 참 어려웠다. 생각 끝에 '노령 사회 명품 인생 어르신 지도자의 역할'이라고 주제를 정했다.

남해군은 고령화율이 전체 인구의 36%로 이미 초고령 사회에 진입했다. 인구 43,958명 중에서 60세 이상이 19,972명으로 43%를 차지하고 65세 이상이 15,920명으로 36%를 차지하고 있다. 노인세대는 갈수록 증가할 것이다. 이제 과거 노인세대와 확연히 구분되는 새로운 역할과 위상에 대한 진지한 고민이 필요하다는 생각이 든다.

2016년 11월 28일, 쌀쌀한 날씨에도 어르신들이 자리를 가득 메워 주셔서 힘이 났다. 120세 시대를 맞이하고 있는 현재의 어르신들은 더 이상 부양의 대상이 아니며 힘없고 약한 존재가 아니라고 말씀드렸다. 그리고 삶의 애환 속에서 건져낸 어르신들의 지혜와 경륜은 우리의 귀중한 사회적 자본이며 후세가 본받아야 할 덕목이기도 하다고 덧붙였다.

우리가 겪는 사회문제 대부분의 원인은 제 역할을 해야 할 사람들이 역할을 제대로 못할 때, 제 자리에 있어야 할 사람들이 자기 자리를 지키지 못할 때 생기기도 한다. 어르신들께서 건강한 구성원으로 사회와 협력하고, 침묵보다는 사회적 책임을 함께 나누는 행동을 통해 지역사회 저변에 지금까지 쌓아온 경륜을 녹여내 주시길 바란다고 말씀드렸다.

권위란 직위가 높고 나이 많음으로 타인을 굴복시키는 권력이 아니라 남이 인식하여 옳게 여길 수 있도록 영향을 주는 능력이다. 권위란 자기가 내세우는 것이 아니라 남이 만들어 주는 존경의 가치라 전했다.

우리가 생각하는 어른의 기준은 무엇인가? 상식과 합리, 소통과 원칙, 공평과 정의, 섬김과 배려, 다른 사람의 감정까지도 헤아려 주는 사람, 그 정도면 족한 것인가?

중요한 것은 나잇값, 그 값의 가치는 누가 만들어 주는 것이 아니라 내가 직접 만들어 가는 것이다. 인생에 있어서 길흉화복은 항상 바뀌어 헤아릴 수 없다. 인간만사 새옹지마라 하지 않았나.

살아가면서 크고 작은 상처 없는 사람이 어디 있겠는가. 지난날의 슬픔과 기쁨, 좌절과 용기, 희망과 도약의 응집이 이 시대 진정한 어른으로 계시도록 한 것이 아니겠는가. 이미 어르신들은 우리 사회에서 차지하는 비중과 위상이 점점 높아 사회의 훌륭한 멘토가 될 수 있는 위치에 존재하고 계신 것이다.

그날 노인대학 강의를 하며 오히려 필자가 더 많은 걸 배웠다는 느낌이 들었다. 산을 보면서 산 너머를 보고, 사람을 보면서 외형보다는 내면의 깊이를 볼 줄 아는 지혜를 어르신들로부터 배운 소중한 시간이었다. 리더는 단순한 자리가 아니라 역할이라는 말씀에서 타성에 젖지 않고 부단한 자기 계발이 있어야 하겠다는 다짐도 얻었다.

지금은 김봉찬 어르신이 학장을 맡고 계시며 류만룡 총무가 수고하고 있는 것으로 안다. 기회가 되면, 다시 찾아 뵙고 그분들의 경륜을 귀담아 듣고 싶다.

적십자 봉사 초년병

◇◇◇◇◇◇ 긴 세월 동안 지치지 않고 봉사를 하고 있는 분들의 마음속에는 무엇이 담겨있을까. 남을 위해 희생하고 봉사하는 사람들을 보면, 그 마음이 어디에서 나오는 것인지 궁금했고, 부럽기도 했으며 존경스럽기도 했다.

그러나 시간이 없으니까, 그럴만한 여유가 없으니까 하기 힘든 것으로만 생각해왔다. 한편으로는 사회봉사를 한다고 하면 사람들이 어쭙잖게 생각할까봐 망설여지기도 했다. 남들이 어떤 시선으로 볼 지 망설인다는 것은, 봉사를 마음으로 하는 것이 아니라 몸으로 하는 것이라는 생각이 들어 그랬는지도 모른다.

어느 날 문득 봉사자들의 진심을 배우며 나눔의 의미를 알고 싶어졌다. 이 일은 사회 속에서 살아가는 모든 사람들이 나누어 져야 할 작은 책임이며, 이 일이 삶의 소중한 흔적이 될 것이라는 생각도 들었다.

그리고 봉사는 시간이 남아돌아서 하는 것이 아니라는 지인의 권유로 남해군 화전적십자 봉사회의 일원이 되었다. 나를 추천해주신 화전적십자봉사회 송 회장님을 위해서라도 성의와 책임을 다해야겠다고 결심했다.

첫 봉사활동은 남해 '소망의 집' 중증 장애우들의 목욕을 돕는 일이었다. 처음이라 많이 낯설었다. 목욕탕에서 아들 등을 밀어준 것이 고작인데, 가족이 아닌 다른 사람을 목욕시키는 일을 내가 할 수 있을지 걱정이 되었다.

그리고 어색하고 어려웠지만, 오랜 기간 봉사활동을 해온 선배님들 도움으로 첫 봉사활동을 무사히 잘 마칠 수 있었다. 집에 돌아와 하루를 되돌아보며 나 자신에게 물어보았다. '봉사활동에 임한 마음과 몸이 하나였는지?' 생각과 행동이 따로따로 움직였던 하루였으니, 그건 아니었던 것 같다.

혹시 장애우들의 몸을 깨끗하게 씻겨 새 옷을 갈아입히고 휠체어에 태우거나 제자리에 뉘어드리는 것을 의무감으로 했던 것은 아니었을까. 부끄럽고 미안했다. 자주 하다 보면 괜찮아질 거라며 자신을 위로했다.

마음과 손발이 하나가 되어 재빨리 하는 것보다 누군가에게 조금이라도 도움이 되어드리고 싶다는 변함없는 마음이 더 중요하리라. 이 마음으로 시작한 일이니 조급해하지 말고 천천히 적응해 나가야겠다고 다짐했다.

'소망의 집' 목욕봉사를 시작한지 3년이 다 되어갈 무렵부터 고등학생인 아들과 함께 다니게 되었다. 아들에게도 나눔과 봉사의 즐거움을 알게 해주고 싶었다. 봉사가 사회적 책임이라는 것을 알게 되면 아들의 자아성장에도 도움을 되리라는 생각도 들었다.

그것은 쉰 살이 다되어 늦깎이로 나눔과 봉사를 알게 된 아버지가 아들에게 알려주고 싶은 부족한 가르침이라고나 할까. 아들은 나보다 좀 더 일찍부터 어렵고 보살핌이 필요한 이웃에게 마음을 다해 따뜻한 손을 내밀 줄 아는 사람으로 성장하면 좋겠다.

언제가 한 번은 '소망의 집' 장애우들과 함께 보물섬시네마에 '국가대표2' 영화를 보러갔다. 장애우 한 명당 봉사자 한 명씩 같이 간 셈이다. 영화는 탈북해서 우리나라에 정착한 아이스하키 황보영 선수의 실화를 바탕으로 한 것이었다.

나는 봉철이라는 나보다 몇 살 어린 친구와 짝이 되어 나란히 앉았다. 봉철이는 무척 기분이 좋아 보였다. 그 기분을 나도 영화가 끝날 때까지 함께 나누고 싶었다.

그런데 중반부로 이어지며 아이스하키 선수들이 땀을 흘리며 숱한 고통과 좌절을 겪는 장면부터 봉철이는 하염없이 눈물을 흘리기 시작했다. 영화 후반부에 주인공들이 원하는 결과를 얻게 되는 감동적인 장면에서도 눈물을 좀처럼 멈추지 않았다. 무엇이 봉철이를 그렇게 울게 만들었을까. 어려운 환경 속에서 힘든 과정을 이겨내는 선수들의 모습을 보며 자신의 삶을 되돌아 본 것일까.

봉사는 있는 자가 없는 자에게 베푸는 것이 아니라, 더불어 살아가는 공동체를 만들기 위해 서로의 삶을 나누는 것임을 이제 조금씩 깨달아가고 있다. 좀 더 성숙해질 수 있도록 이끌어준 송 회장님과 선배 봉사자분들께 깊은 고마움을 느낀다. 오월 중순의 훈훈한 생기가 부드럽게 들판을 감싸고 있는 것처럼 그분들에게는 우리 사회를 부드럽게 녹여 하나로 만들어주는 따스함이 있다.

함께 걸으면 아름답고 행복한 동행

◇◇◇◇◇◇ 3년 전의 일로 기억된다. 장애인부모회에서 후원자들을 초청해 감사의 뜻으로 만찬을 베풀었다. 열악한 재정을 충당하기 위해 후원을 받아야 할 장애인부모회가 오히려 상당한 비용을 들여 준비한 만찬자리에 초대를 받게 된 것이다. 큰 고마움을 느끼면서도 돌봄을 받아야 할 곳으로부터 초대를 받으니 부끄럽고 미안함 마음이 먼저 들었다.

이날 행사에서 장애인부모회 회장님은 인사말 중에, '장애아를 둔 부모들은 내 아이보다 하루만 더 세상을 살다 가면 좋겠다'는 생각을 하고 있다고 말했다. 생을 마감할 때, 세상에 남겨질 아이 걱정을 하지 않고 눈을 감게 되기를 바라는 간절한 마음을 얘기한 것이다.

장애인들은 장애인들만을 위한 특별한 복지가 절실히 필요하다. 그런 이유로 장애인차별금지 및 권리 구제 등에 관한 법률, 장애인 등의 편의증진보장에 관한 법률, 장애인 활동지원에 관한 법률, 장애인복지법 등 수많은 장애인 관련법이 만들어졌다.

이러한 법의 목적은, 장애인의 인간다운 삶과 권리보장을 위한 국가와 지방자치단체 등의 책임을 명백히 하고, 의료, 교육, 직업재활, 생활환경 개선 등을 통해 생활이 안정되고 자아실현과 복지를 증진하기 위한 것이다.

그러나 이러한 법이 사회적인 배려가 부족해 뒷전으로 밀리는 경우를 종종 보아왔다. 지난 2013년부터 2017년까지 시행한 제4차 장애인정책 종합계획은 '장애인과 비장애인이 더불어 행복한 사회 구현' 이라는 비전을 담고 장애인 복지 및 건강 서비스 확대, 장애인 생애 주기별 교육 강화 및 문화와 체육 향유 확대, 장애인 경제 자립 기반 강화, 장애인 사회 참여 및 권익 증진이라는 4대 정책 과제를 시행했다. 그 결과 장애인들이 체감한 온도가 얼마나 따뜻했는지 궁금하다. 피드백은 제대로 되었는지도 궁금하다. 이제 평가는 전적으로 수혜자 그들의 몫이다.

장애인 사회복지 행정이 장애인의 권익 증진과 자립 생활 기반을 구축하고 그들의 개인적 · 사회적 욕구를 충족시켜 줄 수 있는 여건을 조성할 수 있게 되길 바란다. 장애인의 인권이 침해받지 않도록 제반 환경이 개선되어야 할 것이다.

우리의 사회적 의무 혹은 책임도 필요하다. 장애인의 완전한 사회참여와 평등권 실현을 통해 인간으로서의 존엄과 가치를 구현하는데 우리도 제 몫을 해야 할 것이다.

그러기 위해서는 먼저 이웃에 있는 장애인들에 대한 의식전환부터 시작해야 한다. 그것은 장애인을 보통사람과 동일하게 보는 것이다. '차별'과 '구별'은 다르다. 차별은, 불평등하다는 의식에서 출발하는 것이며 부적절한 처사이다. 하지만 구별은, 평등이 전제된 가운데서 서로 역할과 기능이 다르다는 것을 인정하는 것이다.

헌법 제34조제1항에서 모든 국민은 ‘인간다운 생활을 할 권리’를 사회적 기본권으로 규정하고 있다. 그리고 장애인과 같은 사회적 약자의 경우에는 개인 스스로 자유행사의 실질적 조건을 갖추는 데 어려움이 많으므로, 이들에 대한 사회적인 책임과 의무를 되새겨 봐야 한다고 되어 있다.

이전보다는 많이 개선되고 있으나 여전히 장애를 당사자 개인의 불행으로만 여기며 냉담한 시선으로 바라보는 경우가 눈에 띄어 마음이 아프다. 지금부터라도 장애인 복지와 인권의 사각지대를 허물어 나가는데 힘을 모아야 한다.

장애인들이 주체적인 삶을 살아가며 경제적인 자립을 통해 동등한 권리를 향유할 수 있도록 모두 함께 노력해야 할 것이다. 그래서 장애인과 그 가족에게 희망과 용기를 전할 수 있으면 좋겠다. 그들과 함께 걸을 때 세상은 더 아름답고 행복해진다는 것을 잊지 않기 바란다.

제1호 여성상 수상자 심사

◇◇◇◇◇◇ 어느해인가 여성단체협의회로부터 전화가 왔다. 양성평등사회 구현과 여성의 권익 증진, 지역사회 발전에 공헌한 여성을 발굴하여 포상하는 여성상 심사위원으로 참여해달라는 전화였다.

이런 상이 새로 만들어진 것은 참으로 반가운 일이다. 유리천장이 허물어졌다고는 하지만, 여전히 차별받고 소외받는 여성이 너무나 많다. 여성이 남성과 평등한 대접을 받지 못하는 제도는 한시바삐 바뀌어야 한다.

화목한 가정을 기반으로 사회가 건강하게 성장할 수 있게 해주는 동력은, 보이지 않는 곳에서 쉼 없이 노력하고 희생해온 여성 덕분이라는 생각을 지울 수가 없다. 내가 사회생활을 마음 놓고 할 수 있는 것 역시 아내가 늘 뒷받침해 준 덕분이다. 어디 그뿐인가. 훌륭한 인물 뒤에는 늘 지혜롭게 헌신했던 어머니들이 있지 않았던가.

처음으로 만든 제1호 여성상. 각계각층의 추천으로 후보에 오른 사람들은 모두가 존경의 대상일 텐데, 그 중 한 명을 뽑는 심사위원으로 내가 참여할 자격이 있는지 자신이 없었다.

"말씀은 고맙지만 다른 분을 선정하는 것이 좋을 것 같은데요." 라며 제의를 사양했다. 수상 후보자들의 평소 가치관이나 삶의 철학을 제대로 알지 못한 채 수상자 한 명을 선정한다는 것이 내키지 않았다.

그런데도 담당자는 한사코 심사위원을 맡아달라고 했다. 추천받은 후보자의 이력, 사회봉사활동, 지역사회 발전 공헌, 수상 경력 등에 관한 자료를 다 받아놓은 상태이니 내용을 검토하고 객관적인 심사만 하면 된다는 것이었다.

그 말을 듣고 잠시 망설이긴 했지만, 조금 전의 생각을 바꾸어 심사위원 직분을 수락했다. 어떤 분들이 존경받는 여성상 후보자로 추천되었는지 궁금했고 후보들의 우열을 가리는데 감히 내 기준과 생각을 좀 보태고 싶어졌기 때문이었다.

여성상 수상자로 가장 걸맞은 분이 누구일까, 이곳저곳을 뒤져가며 자료를 찾아보았다. 후보자들의 체면이나 명예는 귀한 가치인데 내가 조금이라도 손상을 시키게 될까봐 신경이 쓰였다.

드디어 심사 날이 되었다. 심사위원은 다양한 분야에 걸쳐 모두 아홉 명이었다. 단단히 긴장을 하고 후보자 모두의 자료를 최대한 꼼꼼하게 보려고 노력했다. 후보자 대부분 내가 잘 모르는 분들이었고, 그 중 두 명만 알고 있는 분이었다.

특히 그 중 한 명은 내가 학교 외래강사로 있을 때 2년 동안 내 강의를 들었던 학생이었다. 평생을 공무원으로 봉직하다 퇴직하고 사회봉사활동을 하면서 어디에서라도 당당하고 자신 있어 보였던 사람이라 기억에 꽤나 깊이 남아 있던 분이다. 사회적으로 귀감이 되는 이라 생각했는데, 아니나 다를까 서류를 통해 포상 후보자로

접하게 되니 반갑기도 하면서 당연한 결과라는 생각이 들었다.

다른 후보자들의 이력과 사회봉사 경험도 참으로 대단하게 느껴졌다. 사회 공헌 활동과 여성 권익을 위해 노력해온 과정을 살펴보니 다들 귀감이 되기에 충분하고도 남았다.

짧은 시간에 심사 기준을 어떻게 배분해 적용해야 할지 혼란스러웠다. 내가 알고 있는 후보자들에 대한 선입견이 작용하면 안 되는 일이었다. 고민 끝에 나 나름대로 정한 기준은, 직장공무원생활 중에 공헌한 활동과 수상 경력을 민간인의 경우와는 다르게 봐야 한다는 것이었다.

공무원은 공복의 신분으로 국민 전체에게 봉사하고 자신이 맡은 업무에 관해 책임을 지는 것이 의무이며 본질이다. 그러나 민간인의 입장은 이와 확연히 다르다. 그러니 민간인으로서 행한 사회 공헌 활동의 흔적을 좀 더 높이 평가해 줘야 한다는 생각이었다.

그리고 그런 기준으로 점수를 매겼다. 학교에서 내 강의를 들었던 후보자가 여러 면에서 훌륭했지만, 그가 활동하고 수상한 이력은 공무원 신분일 때의 흔적들이 많아서 민간인 신분으로 노력해온 다른 후보자에게 좀 더 넉넉한 점수를 줬다. 그렇게 점수를 매기고 나니, 마음이 무거웠다.

잠시 후 채점표를 취합해서 후보자 중에서 수상자를 선정했다. 수상자는 바로 내가 두 번째로 점수를 많이 줬던 내 과목을 수강한 그 여학생이었다. 순간 좀 당황했다. 억지로 편안한 모습을 보이려 했지만, 이미 내 속은 그게 아니었다.

반드시 내가 후한 점수를 준 사람이 선정되어야 한다는 보장은 없다. 또한 그것이 정답도 아니다. 서로가 생각한 관점이 다른 게 당연하다. 다만 아쉬운 것은, 부분을 전체로 착각해서 내가 오류를 범한 게 아닌가 하는 것이었다.

일과 가정의 두 축을 중심으로 자기계발을 끊임없이 해온 흔적과 공무원 퇴직 후의 삶에 대한 기록을 더 깊이 들여다보지 못한 것이 내내 마음에 걸렸기 때문이다. 내 기준의 잣대를 너무 크게 생각하고 숲을 보지 못한 채 나무만 본 것이 아닌지, 며칠째 마음이 편하지 않았다.

살다보면 내가 생각하는 기준이나 관점이 항상 옳은 수는 없다. 그러나 좀 더 옳은 결과에 가까워지도록 눈을 크게 뜨고 다양한 잣대로 사물을 변별해야 한다. 그렇지 못했던 내 관찰력이 참으로 부끄러웠다.

심사가 있고 얼마 후, 양성평등 기념식에서 제1호 여성상 시상식이 있었다. 여러 일을 제쳐두고 참석했다. 그리고 수상자에게 진심을 담아 힘찬 축하 박수를 보냈다.

화합과 상생의 보물섬이 되길 바라며

◇◇◇◇◇◇ 보물섬 남해군에서 주민들의 찬반 의견이 갈렸던 적이 몇 차례 있었다.

그 한 가지 예로, 2012년 석탄화력발전소 유치를 둘러싸고 지역 명운을 가를 것이라는 주장과 생태계 파괴 등 부작용이 많을 것이라는 주장으로 찬반 논쟁이 극에 달했던 때가 있었다.

그리고 2018년 망운산 일원 풍력발전단지 건설에 대해 지역개발에 따른 관광 효과가 극대화될 것이라며 찬성을 하던 쪽과 경관 훼손과 소음공해가 걱정된다며 반대하는 쪽이 팽팽히 대립했던 적이 있었다.

어디 그 뿐인가. 기숙형 거점 중학교 유치, 채석장 개발과 관련한 갈등, 대안학교인 남해보물섬고등학교의 사업부지 선정을 두고 도교육청과 현지 주민들의 의견이 대립했던 적도 있었다. 석탄화력발전소는 유치 여부를 두고, 기숙형 거점 중학교는 유치 장소를 두고 주민들의 투표까지 진행되었다.

앞으로도 우리 지역의 경제, 문화, 교육 분야의 변화를 위해 선택의 기로에 섰을 때, 각기 찬성과 반대를 하며 서로를 얼마나 할 켜고 얼룩지게 만들지 알 수가 없는 일이다.

지난해는 전국 동시 지방선거가 있었다. 주민들은 선거 후유증으로 냉전을 벌이며 일상을 일탈했다. 그러다가 대부분 자기 자리로 돌아왔지만, 회복이 덜 되어 여전히 자신의 자리로 복귀하지 못한 사람도 더러 눈에 띈다.

이처럼 선거는 간혹 다툼이 커지게 되면 전쟁을 겪는 것처럼 인간 존엄성을 잃어버리게 되고, 후유증이 남는다. 큰 선거이던 작은 선거이던 선거운동 기간 중에 발생했던 갈등과 분열은 선거를 마치고 나서도 얼른 봉합이 되지 않아, 잘 아물지 않은 상처처럼 오래도록 욱신거린다.

그렇다고 투표를 거부하거나 선거를 없앨 수는 없는 노릇이니, 선거로 인한 지역 갈등과 이념 갈등 그리고 세대 갈등을 사회적으로 통합시키는 지혜가 필요하다. 진정한 사회통합이란 어떤 것인가. 그것은 사람과 사람의 상호작용 속에서 얻어지는 가치에 대한 합의이며, 사적인 존재나 소유를 공적인 존재나 소유로 바꾸어 나가는 일이다.

사회통합이 되기 위해서는 복수의 사람들 누구나 공감할 수 있는 공통의 목표가 있어야 하고, 그 목적을 달성하기 위한 각자의 역할이 있어야 한다. 그리고 역할의 수행이 당연한 권리이자 의무임을 서로 인정하고, 분담하고 있는 역할이 어떤 식으로든 자신의 욕구를 충족시켜 줄 것이라고 신뢰할 수 있어야 한다.

사회통합은 갈등이 있기 때문에 필요한 것이다. 그러므로 갈등 유발자가 가장 먼저 갈등이 발생하게 된 원인과 배경을 좇아가 갈등을 해소시키는 것이 옳다. 정치지도자를 선출하는 선거는 별론別

論으로 둔다 하더라도, 석탄화력발전소나 기숙형 거점 중학교를 유치하는 문제와 같은 좁은 지역사회 갈등은 누가 나서서 해결해야 하는지 굳이 말하지 않아도 짐작할 수 있다.

이런 중차대한 사안이 그 결과에 따라 갈등을 드러낼 조짐을 보이기 전에, 갈등을 치유할 수 있는 매뉴얼을 미리 만들어놓아야 한다. 그리고 소통 아카데미를 통해 주민들이 대화를 나누며 동행할 수 있도록 해야 한다. 이런 과정을 거치면서 사회는 보다 단결된 상태로 질적인 변화를 이룰 수 있게 될 것이다.

그렇다고 우리에게는 책임이 없는 것일까. '말 그대로 들으면 용서할 바가 없지만, 뜻을 이해하면 모두 용서할 수 있다.'라는 말이 있다. 토론은 양극의 조화를 이루기 위해 소통하는 것이다. 그런데 과연 우리는 서로 다르다는 것을 경이로움 속에 신성하게 받아들여 왔는가 하는 점이다.

대부분의 사람들은 내가 가진 것만 볼 뿐, 내가 가지지 않는 것은 보지 않으려고 한다. 그리고 나와 다른 생각을 가진 사람은 필요 없다는 오만함으로 상대방을 업신여기며 배척하고 짓밟아버리려고 한다.

미움은 사람의 이성을 마비시키고 불행을 낳는다. 나 역시 내 이웃이나 주변 사회의 얘기에 귀를 기울이려 하지 않고, 내 의견만 주장해 온 것은 아닌지 자문해 볼 일이다. 바로 이 점이 우리 자신도 철저하게 반성해야 하는 부분이다.

갈등이 없는 사회는 없다. 갈등 없는 사회는 죽은 사회나 마찬가지이다. 갈등이 사회질서를 파괴하는 것처럼 느껴질 수 있으나, 때로는 갈등을 통해 질서가 유지되기도 한다. 그래서 갈등은 사회 조직을 강화시키는 안전판이며 창조적 긴장의 원천이라 할 수도 있다.

그런데 지금 우리 사회에서는 갈등의 이러한 순기능적 측면은 보이지 않고, 끊임없이 남을 비방하고 분열을 조장하며 편을 가르는 현상을 보이고 있다. 이러한 현상에 대한 사회적 치유가 필요하며, 순기능으로의 역할 전환이 필요하다고 생각한다. 이제 갈등을 자산으로 만드는 기회를 우리 모두가 함께 가질 수 있어야 한다.

영국의 시인 바이런은 '나를 사랑하는 이에게는 한숨짓고, 나를 미워하는 이에게는 웃어주라'고 했다. 그의 말이 한편으로는 '내가 서고자 하는 자리에 남을 먼저 세우고, 내가 도달하고자 하는 곳에 남을 먼저 도달하게 하라'라는 말로 들린다.

통합해야 한다고 해서 무조건 하나로 합치거나 일치시키자는 것은 아니다. 통합은 개인의 규범, 가치, 신념 등을 잘 지켜가면서 상대방이 나와 다르다는 것을 인정하고 그 차이를 존중하는 과정 속에서 이루어지는 것이기 때문이다.

지금 우리 사회에서 벌어지는 이념과 가치 논쟁이 '소모적인 대립과 갈등'을 넘어 '경쟁과 협력의 공존'으로 나아갈 수 있도록 우리 모두의 진심이 담긴 통합적 리더십이 한시바삐 자리 잡게 되기 바란다.

사람으로 인해 만들어진 일, 결국 사람이 정리해야 하지 않겠는가. 견뎌내기 힘든 모진 갈등과 시련 속에서도 균형을 잃지 않는다면, 희망이 있는 미래가 우리와 함께 할 것이다.

살만한 세상이 되게 하는 베풂 행정

◇◇◇◇◇◇ 몇 년 전 남해군의 슬로건을 '생활행정 실현과 신성장동력 확보의 해'로 정한 때가 있었다.

'생활행정 실현'이란, 이곳에서 사회 구성원으로 살아가고 있는 보통 군민들의 행복 실현과 복지 향상을 위해 행정이 진심으로 한 발 더 다가가겠다는 굳은 의지를 표명한 것이었다고 생각한다.

그리고 '성장동력'이라는 말에 '신'이라는 단어가 붙은 것을 보면, '새로운 성장동력'이라는 뜻이리라. 그런데 여러 갈래로 나누어진 분야 중에서 어떤 종류를 우리 지역의 신성장동력으로 정해 그것을 확보해 나가겠다는 것인지 조금 궁금해진다.

신재생에너지를 포함한 미래의 성장동력인 산업단지 조성과 세일즈 투자 유치 활동으로 지역경제를 활성화시키고자 한다는 뜻인 것 같은데, 부족한 필자의 생각으로는 보물섬의 문화와 관광이 현실적으로 많은 부분을 차지하고 있는 것이 아닌가 싶다.

과거에는 자본이나 자원과 같은 물질적 요소가 성장동력의 역할을 했다. 그러나 점차 지식이나 문화와 같은 정신적인 요소로 바뀌어가고 있으니, 새로운 시대에 걸맞는 요소가 신성장동력이 되어야 한다고 생각했기 때문이다.

그렇다면 보물섬의 신성장동력이란, 다른 지역의 관광시장과 경쟁할 수 있을 만한 문화관광의 매개적인 요소를 생성 또는 발굴하는 것이다. 그리고 그것을 보물섬의 고품격 관광 상품으로 승화시켜 보물섬 남해를 훌륭한 관광 휴양 단지로 발전시켜나가야 한다.

한편 '생활행정 실현'으로 사회적 보살핌이 좀 더 필요한 곳을 위한 몇 가지 기대를 해보았다. 우리 사회에 보살핌이 필요한 곳이 어디 한 두 곳이겠냐 마는, 노인 생활 복지 부문과 장애인 생활 복지 부문, 그리고 다문화가정이 안정적으로 생활을 할 수 있게 되기를 마음속으로 바랐다.

지난해 말 기준 남해군의 65세 이상 노인 인구는 15,910명으로 남해군 전체 인구의 36.1%를 차지하고 있다. 남해군이 전국적으로도 상당히 높은 초고령화 시대에 접어든 것이다. 이점은 남해군이 노인복지를 위해 다양한 지원을 해야 하는 이유 중의 하나이다.

어르신들은 국가 및 사회 발전을 위해 기여하셨으며 후손을 양육해주신 분들이니 존경받아 마땅하다. 형식이나 격식에 치우쳐 의례적으로 대접하고 모시는 것으로 그칠 일이 아니라고 본다. 어르신들이 독립된 인간으로 기본적인 욕구를 충족할 수 있어야 하며, 문화적인 생활을 유지할 수 있어야 한다.

그리고 노인 복지에 대한 올바른 견해를 가지고 몸과 마음이 건강하게 지내실 수 있도록 지속적으로 섬기며 돌봐드려야 한다. 또한 사회의 중요한 일원으로, 선각자로, 우리 사회의 어른 역할을 수행할 수 있도록 명분과 과제를 드려 그분들 스스로 자긍심을 갖고 명예롭게 살 수 있도록 해야 할 것이다. 선거 때만 되면 나타나서 표 숫자에만 관심을 보일 것이 아니라, 실질적인 관심을 기울여야 한다.

다음으로 '장애인 생활 복지 증진' 부분이다. 아직도 사회의 냉대와 무관심 속에서 힘들게 살아가는 장애인들이 많다. 그들이 사회를 향해 부르짖는 소리에 귀를 기울여야 한다. 장애인도 마땅히 기본적인 권리를 보장받고, 비장애인과 동등한 대우를 받을 수 있어야 한다. 하지만 건강권, 거주이주권, 접근권 및 생활권, 노동권, 교육권, 이동권 및 보행권, 보육권, 문화향유권 등에서 기본적인 권리를 제대로 누리지 못하고 있는 것이 현실이다.

이참에 장애인들의 주거, 직업재활, 가정활동, 사회활동 등에 대한 기능적, 기술적 요구가 개선되어야 할 것이다. 그리고 수요 충족이 제대로 이루어져 장애인이 스스로 느낄 수 있는 체감복지가 향상될 수 있어야 한다. 그들의 쓰라린 마음속까지 적극적이고 긴밀하게 다가가는 모습을 행정이 보여 주어야 할 것이다.

다문화가정에 대해서도 좀 더 구체적인 관심이 필요하다. 현재 남해군에는 300명 가까운 결혼 이민자가 생활하고 있다. 이들 대부분이 가정을 이루고 있으며, 자녀를 두거나 부모님을 모시고 있으니, 그들 가족 구성원 수를 헤아려 보면 결코 작은 숫자가 아니다.

군내 다문화가정 여성과 그 자녀들이 소외와 편견 없이 안정적인 생활을 할 수 있어야 한다. 남해군으로 시집오는 외국인 신부들이 안고 있는 어려운 점을 그들 개인의 가정사로만 치부하고 스스로 해결하기를 바라는 것은 옳지 않은 일이다. 우리 사회가 나서서 그들의 애환에 적극적으로 귀를 기울이고 문제해결을 위해 관심을 가져야 한다.

외국에서 시집왔으니 우리 사회에 적응할 것만을 요구하기보다 그들이 갖고 있는 고유한 문화와 정체성을 먼저 인정해야 할 것이다. 그리고 그들이 가진 다양한 문화를 존중하며 자연스레 우리 사회의 규범과 문화에 스며들 수 있도록 돕는 것이 선행되어야 한다.

그들이 경제적인 어려움과 사회부적응을 한시바삐 극복하고 우리 이웃으로 공동체 안에서 뿌리를 내릴 수 있도록 제도와 정책을 현실에 맞게 적용시키는 대책과 노력이 더 필요하다고 본다. '생활행정의 표본은 삶의 현장에 서는 것이다'라는 글귀를 실천할 때, 이상적인 규범과 우리가 처한 현실의 격차가 줄어들 것이다.

더 중요한 것은, '생활행정 실현과 신성장동력 확보의 해'라는 구호대로 실현이 잘 되었는지 지난 과정을 냉정하게 점검하고 결과를 확인해 객관적으로 평가하는 일이다. 그동안 생활행정 실현이 과연 이루어졌는지, 주민의 삶의 질은 얼마나 달라졌는지, 어떤 종류의 신성장동력이 어느 정도 확보되었는지도 살펴봐야 한다.

구호를 외치고 난 후의 과정을 되돌아보고 결과를 제대로 진단할 때 효과적인 피드백도 가능하다. 항상 만족스러울 수는 없지만, 우리는 그렇게 발전해갈 것이다.

지방자치의 꽃, 의회에 달렸다

◇◇◇◇◇◇ 주민이 주인이 되는 지방자치시대가 막을 올리고 난 후, 어느새 강산이 두 번 반이나 바뀌었다. 한국의 지방자치는 건국헌법에 의해 1949년 최초의 지방자치법이 제정돼 1952년부터 실시되었으나 5 · 16군사정변으로 중단되고 말았다.

그 후 1987년 6월 항쟁 이후 성장한 민의를 바탕으로 지방자치에 대한 요구가 많아지자 1991년 기초단위인 군의회와 시 · 도의회 의원에 대한 선거가 실시되었다. 그리고 1995년에는 단체장을 선출하는 선거가 실시되면서 지자체의 양 바퀴가 함께 굴러가며 전면적인 지방자치제가 부활되었다.

지방자치제도는 민주주의 이념 실현, 전제정치의 방파제 역할, 분업을 통한 효율적인 행정, 지역 안의 종합행정, 자원의 효율적인 배분과 소비자의 선호성 구현, 주체의식과 책임의식 함양, 다원적 사회의 형성이라는 효용 가치에 기대를 모았다.

하지만 지자체의 문화를 살찌우고 발전시키기 위한 주체들은 지금껏 어떤 노력을 해왔는지 깊이 새겨야 할 것이다.

민중의 삶에 파고들어 국민 개개인에게 골고루 영향을 미치고, 평범한 시민들의 자발적인 참여를 통해 지방자치제가 제대로 꽃피고 있지 않다는 지적이 어제 오늘의 일이 아니다. 지방으로 갈수록 기초의회의 필요성을 절실히 느끼고 있으면서도 선거 때마다 기초의회 무용론과 폐지론마저 고개를 들고 있다.

지방의회가 지방자치의 꽃임에도 불구하고 이런 의견이 나오는 원인은 무엇일까? 여러 이유가 있겠지만 예산 낭비, 행정력 허비, 전문성 부족, 원을 구성하며 자리를 다투는 문제 등이 그 이유일 것이라는 지적이 많다. 물론 그 중에는 소신을 갖고 자신에게 표를 준 유권자들에게 책임을 다 하려는 분들도 분명히 많을 것이다.

그런데도 이 자리에서 언급을 하는 까닭은, 의회의 역할이 재고되는 한편, 의회의 위상이 높아져서 이런 불편한 얘기가 더 이상 나오지 않기를 바라는 마음이 있기 때문이다.

이제 풀뿌리민주주의 근간인 기초의회가 꼭 필요하다는 것을 의회와 의원 스스로 주민들에게 제대로 보여주어야 한다. 그러려면 무엇이 필요하고, 어떤 것들이 동반되어야 할까.

지역 주민을 위한 생활 정치를 구현하겠다면서 중앙 정치 구호를 외쳤던 선거 때의 모습에서 완전히 탈피해야 한다. 정치꾼의 나팔수가 되어서는 안 된다는 것이다. 그리고 행정에 대해 합리적인 비판과 견제를 위해 출마한다고 약속했던 소신과 철학이 이런 저런 이유로 굴복당해서는 안될 것이다. 군민과 지역을 위한 일이라면. 현명한 지혜와 담대한 용기로 관료나 단체장을 오히려 설복시킬 수 있어야 한다.

다음으로 의원의 전문성 배양이다. 공무원의 업무를 제대로 감사하고 평가하려면 해당 분야의 전문 지식과 오랜 경험이 요구될 수밖에 없다. 피감기관과 그 종사자로부터 존경을 받고 자신의 권위를 지키려면 부단한 자기계발이 필요하다.

우리가 선출한 기초의원 개인의 수준과 역량은 곧, 우리 주민들의 수준이며 역량이다. 집행기관과 의회 간의 균형과 견제를 위해 의원이 어떻게 행동해야 되는지 냉정히 숙고해야 할 것이다. 그리고 행정에 대한 참여와 감시를 게을리 하지 않도록 해야 한다. 공무원과 주민들에게 군림하지 말고, 자신은 지역발전을 위한 봉사자이며 주민의 충복임을 잊지 말아야 할 것이다.

물론 모든 탓을 의회에만 전가할 수는 없다. 선거철에만 반짝 주인 노릇을 하던 지역주민들은 평소에도 진짜 주인 역할을 해야 할 것이다. 일상생활과 관련된 민원이 균형감을 갖고 제대로 처리가 되려면 자치문화 형성을 위한 유권자 의식 또한 강화 되어야 한다.

기초의원 자리는 동네사람들이 얻어준 단순한 직장이 아니다. 자리가 사람을 만들기도 하지만, 간혹 자리가 사람을 얼마나 버려놓는지도 명심해야 할 것이다. 의원들은 혹시라도 편벽된 생각이 있으면 맹렬히 성찰하여 엄중하게 단속하는 자기검열이 필요하다는 사실을 잊지 말기 바란다.

지방자치, 여전히 갈 길이 멀다.

문화콘텐츠의 보물 상자, 작은 영화관

◇◇◇◇◇◇ 문화 격차로 소외받았던 우리에게 작은 영화관은 새로운 문화를 만나고 생각의 관점을 신선하게 만들어주는 유용한 곳이다. 영화는 이제까지 우리가 접해보지 못한 또 다른 삶을 우리에게 보여준다.

사람은 문화 활동을 통해 다른 사람을 만나면서 지금까지 살아온 과정과 방식을 나누고 공유함으로써 간접경험을 하게 된다. 문화는 단순한 볼거리나 즐길 거리가 아니라, 중요한 가치를 지향하는 생활양식이라고 할 수 있다. 그래서 문화를 '사회의 재생산적 요소'라고 표현하기도 한다. 문화는 같은 시대를 살아가는 여러 사람들의 일상적인 생각, 삶의 방식, 비전 등이 어우러져, 세련되고 성숙한 품성이 몸에 배이게 해준다.

영화는 문화 콘텐츠 중에서 영향력이 강한 매체이다. 영화를 통해 우리는 타인의 삶과 조우하며 뜻밖의 감정, 창의적인 생각, 때로는 교훈을 얻기도 한다. 시련 속에 주저앉아 허우적거리고 있을 때, 헤어날 수 있는 용기와 희망을 부여잡게 되기도 한다. 또 자기 성찰을 통한 반성의 기회도 영화를 통해 얻는다. 그뿐만이 아니다.

영화 속 인물에게 관객인 나를 투영시킬 때 마음속에 억압된 감정의 응어리들이 외부로 함께 배설되기도 한다.

영화가 끝난 후에도 눈물이 마르지 않거나 자리를 뜨지 못할 때가 있다. 앤딩 크레딧이 올라가고 있는 스크린을 바라보며 그 여운을 좀 더 느끼고 싶기 때문이다. 감성적 교감을 유발시켜 마음을 정화시켜 주는데 영화만한 것이 없다고 보는 것도 그런 이유다.

문화가 진흥하고 발전하기 위해서는 관련 기반을 구축하는 것이 먼저 마련되어야 한다. 그런데 영화관이 동네 마실이 되기까지 참으로 긴 시간이 걸렸다. 이제야 비로소 영상문화를 가까이에서 접할 수 있는 문화적인 공간을 동네에서 접할 수 있게 된 것이다.

작은 영화관 보물섬 시네마 개장은 그 자체만으로 즐거운 일이다. 도시민과의 문화적 격차를 좁히고 여가를 즐기며 문화적 가치를 확산시키는데 보탬이 되는 공간이 되기 바란다. 보물섬 시네마에 문화 향기가 넘쳐나도록 제대로 즐길 일만 남았다. 그곳은 우리가 주인이다. 주민들의 적극적이고 능동적인 참여를 통해 작은 영화관을 풍요롭게 가꾸어 나가야 할 것이다.

행복한 쉼터인 작은 영화관에서 다음에 상영될 작품은 무엇일지 기대가 된다. 휴식과 여가가 있는 삶을 즐기며, 문화적인 갈증을 풀어보자. 문화는 함께 누릴 수 있을 때 융성해진다.

멀리 가려면 함께 가야 한다

◇◇◇◇◇◇ 필자는 지난 대선 공약이었던 기초선거 정당공천제 폐지에 동의해왔다. 그 이유는 2005년 6월에 만들어진 지금의 정당공천제가 중앙정치에 예속될 수 있으며, 기초자치단체장이나 의원들이 주민을 바라보며 일하기보다 자신의 공천을 결정하는 중앙정치권의 눈치를 보며 처신하기 때문이다. 그렇게 되면 풀뿌리 자치의 자율성이 위협받게 된다. 또한 정당 공천을 둘러싼 각종 비리와 불공정 시비가 생길 수 있다.

기억을 더듬어보면 지방선거에 후보로 출마했다가 당내 경선의 불공정성을 이유로 탈당 후 무소속으로 출마하는 경우가 더러 있었는데, 이와 무관하지 않다고 생각한다.

그뿐만이 아니다. 정당 공천과 지역주의가 결합할 때 토착비리와 지역주의를 재생산하여 정치적 다양성을 잃을 수 있으므로 우려가 된다. 정치를 보지 말고 정책과 비전을 봐야 하는데, 그러지 못할 때가 많다.

어떤 명분, 논리, 셈 수였던 간에 지방선거에서 정책 선거를 좀처럼 찾아보기 어려웠다. 각 후보마다 정도의 차이는 있었지만, 진영 논리에 사로잡혀 상대방을 흠집 내어 깎아내리는데 급급해보였다. 그리고 자신이 그보다는 좀 더 낫다는 것을 무척 강조했다.

그것이 선거의 묘수인지 정치적 흥행인지, 유권자의 묵시적인 동의도 다행인지 불행인지 이를 따라갔다. 그 와중에 후보자들의 공약과 정책의 품질에 대해 유권자가 생각할 겨를이 없었다. 이 부분은 아쉬움이 남는다.

유권자가 후보자를 서로 비교하고 분석해볼 수 없다면, 아무리 좋은 공약이나 정책도 실효성이나 진정성을 평가하기 어렵다. 어쩌면 후보자의 도덕성과 청렴성이라는 준엄한 심판의 잣대 앞에, 공약과 정책 따위는 안중에 없었는지도 모른다.

선거 때가 되면 후보들은 여러 가지 정책을 호소한다. 그리고 당장 시급한 일들이 많이 남아 있으니 마지막으로 한 번만 자신을 지지해 달라고 읍소한다. 그런데도 군민들의 마음을 얻지 못할 때가 더러 있다.

그 이유는 유권자의 눈높이가 다르고, 그들이 요구하는 것이 따로 있었기 때문이다. 생각과 판단은 오로지 현명한 유권자의 몫이다. 그러므로 결과로 보여준 그들의 뜻을 제대로 알아차려야 한다.

강건한 위대함도 일정한 때가 되면 무너지게 마련이다. 그래서 성인들이 '늘 겸손한 자세로 깨어 있으라' 했던 모양이다. 하지만 선거기간 내내 그것에 발목 잡혀 과거의 공도 미래의 비전과 정책도 모두 파묻혀버리고 말았다. 선거가 끝난 지금 이러한 세태에 대해 차분히 생각해봐야 할 것이다. 이런 결과를 얻게 한 동기는 무엇이었는지, 그 과정과 결과에 대해 객관적으로 구분해봐야 한다. 그게 선진시민의 의식이다.

숭고한 업적은 그 업적대로 아름답게 평가해야 한다. 그리고 지역의 발전과 주민의 행복을 위한 진정성과 함의에 대해서도 솔직한 평가와 고백이 있어야 한다. 그리고 전체 행적을 고루 평가하면서 생각의 다양성, 사회적 다양성을 허용하는 것이 합리적이라고 생각한다.

또한 선거에서 내가 지지하지 않았던 후보가 당선되었다 하더라도, 모두 제자리로 돌아가 당선자의 업무 수행이 제대로 이루어질 수 있도록 협력해 우리 지역의 새로운 미래를 함께 열어 나가는데 적극 힘을 보태야 한다. 그런 마음으로 선거운동 기간 중에 발생했던 갈등과 분열을 가라앉혀 봉합시켜야 한다.

멀리 가려면 함께 가야 한다. 승자의 역할이 더 중요하다. 선거로 인한 갈등을 제대로 치유하기 위해서는 당선인의 통합적 리더십이 반드시 있어야 한다.

도시 사람이 남해에 바라는 것

◇◇◇◇◇◇ 최근 들어 새로운 삶의 방법으로 주목받고 있는 귀농 귀촌을 희망하는 도시민이 증가하고 있다. 귀농 귀촌은 삭막하고 답답한 도시생활을 벗어나 소박하며 평화롭고 서정적인 제2, 제3의 삶을 찾는 사람들이 동경하는 삶이다.

귀농 귀촌의 유형으로는 고향을 떠났던 사람들이 다시 고향으로 돌아와 여생을 편안하게 보내려는 경우, 부모님을 봉양하거나 건강상의 이유로 귀농 귀촌을 선택하는 경우, 베이비 붐 세대의 은퇴시기 도래 등으로 그 숫자가 점점 늘어날 것으로 예상된다.

귀농 귀촌은, 인구 유입에 도움이 된다. 그리고 농촌 고령화를 둔화시키고, 농촌으로 도시 자본이 유입되게 하며, 새로운 경영기법을 접목시키고, 일자리를 창출하는 등, 경제적인 효과가 나타나게 하는 장점이 있다. 농촌에 르네상스가 도래할 것이라고 기대하는 분석도 나온다.

그래서 남해군도 본격적인 귀농 · 귀촌인 유치 업무를 추진하기로 했다. 보물섬 남해는 좋은 기후 조건을 갖추고 있을 뿐만 아니라 아름다운 경관을 즐길 수 있는 곳이다. 깨끗한 물과 맑은 공기를 마시며, 문화와 예술이 어우러진 감성 공간에서 따뜻한 인간미를 느낄 수 있으므로 사람 살기에 안성맞춤이라 하겠다.

남해군은 농림축산식품부에서 실시한 도시민 농어촌유치지원 공모사업에 선정되면서 지원을 받게 되자, 귀농 귀촌 업무를 적극적으로 추진해오고 있다. 도시민이 귀농 귀촌을 할 때 믿고 선택할 수 있는 지자체가 되려면 그들이 스스로 찾아온 발길을 돌리는 일이 없도록 부족한 부분은 보완하고 개선하며 일관되게 준비해야 할 것이다.

현재의 귀농지원시책을 보면 해당 항목에 일정한 조건이 붙어 있다. 그 내용을 보면 다음과 같다. 전입세대 지원금 세대 당 30만원, 주택수리비 지원 세대 당 70만원, 자동차번호판 교체비 지원, 출산용품지원금 30만원, 영유아 양육수당 지원, 영농정착보조금, 농업인 영유아양육비 지원 등이 그것이다.

이러한 지원은, 하지 않는 것보다는 하는 것이 낫고 동기부여가 되어 관심을 갖게 하는 효과는 있겠지만, 귀농 귀촌을 준비하는 사람들에게 큰 도움은 되지 않을 것으로 보인다. 귀농 귀촌을 꿈꾸는 사람들의 고민 1순위는 기본적인 생활여건이 갖춰진 주택을 확보하는 일이기 때문이다.

남해를 찾았다가 빈 농가주택이나 쓸 만한 촌집을 구하지 못해 어쩔 수 없이 발길을 돌리는 사람들을 볼 때면 안탑깝기 짝이 없다. 그래서 남해에 와서 노후를 지내려는 사람들 중에는 주택을 짓기 위해 은퇴 전에 미리 땅부터 구해 놓으려고 하는 사람들이 많다. 택지가 부족한 남해군에서는 귀농 · 귀촌인들이 들어와 집을 짓고 살 수 있도록 합리적으로 토지를 이용할 수 있게 해주어야 한다.

즉, 미관을 개선하고 양호한 환경을 확보해두는 지구 단위 계획을 미리 세워야 할 것이다. 이들이 건축허가를 신청할 때 남해군의 귀농 귀촌 시책에 부합하도록, 최대한 편리하고 합리적인 행정서비스를 제공해야 한다.

건축허가는 대부분 기속행위라서 법의 범위를 벗어날 수 없다. 그런데 현실적으로 인·허가 업무가 국토의 계획 및 이용에 관한 법률, 건축법 등 관련법의 장벽에 가로막히는 경우가 상당히 많다. 이는 조례 제·개정 등을 통해 불합리한 행위 제한을 완화하고 인허가 업무의 재량과 유연성을 키워주어야 할 것이므로 행정과 의회가 같이 나서서 고민해야 할 것이다.

그리고 이미 귀농 귀촌한 군민들의 삶의 질이 어떠한지, 그들의 고충은 무엇인지 행정 당사자가 나서서 적극 살펴보아야 한다. 또한 그들의 소통 창구 역학을 하고, 예비 귀농·귀촌 종합지원센터 개설이 필요하다고 본다. 자체 협의회를 통해 귀농·귀촌업무가 체계적으로 이루어질 수 있도록 준비해야 할 것이다.

어려운 농어촌에 활기와 새로운 희망을 불어넣기 위한 남해군의 귀농·귀촌 시책이 유명무실화 되지 않도록 해야 한다. 이 정책이 성공적으로 자리를 잡고 뿌리를 내리기 위해서는 우리 모두 대승적 의미를 이해하고 받아들이려는 자세와 노력이 필요할 것이다.

빗장을 풀어야 할 공용터미널

◇◇◇◇◇◇ 버스들이 주차를 하고 있어야 할 공용터미널 버스주차장에 승용차들이 군데군데 주차를 했던 적이 있었다. 터미널상인연합회와 운송사업자, 매표사업자 간의 갈등은 주차장 사용 비용이라는 각각의 손익계산으로 여전히 문제가 해결되지 않고 있다.

사태가 꽤 오래간다. 시련을 겪고 있는 터미널 사태의 속사정을 파악하는 것이 쉽지 않다. 관계자들이 '남의 일에 모르는 소리 한다' 할 것 같아서 함부로 예단하기 조심스럽다. 대가를 지불하고 장소를 점유하는 운영방식에 대해 논박할 권리 또한 필자에게는 없다. 비정상인 현 상황이 나아질 기미가 보이지 않으니 더 넓은 공론의 장으로 그 문제를 갖고 나오는 것이 옳다고 생각한다.

그러나 지금의 방식과 과정이 서민들에게 어떤 결과를 가져오는가에 대해 고민을 하다 보니 그냥 침묵하고 있기는 답답하다. 개인이 사회에 책임을 져야 하는 경우는 타인 혹은 집단에게 나쁜 영향을 끼칠 때이다. 세상에 해를 끼치지 않는 한 경제활동은 자유로운 권리이다. 이러한 개인의 경제적 권리를 일방적으로 방해하거나 막는 것은 부당한 일이다.

공용터미널은 대중의 편익에 도움을 주는 공공 재화이다. 그러므로 운송사업자가 주축이 되어 보다 더 막중한 책임감을 가지고 운영해야 한다. 그 과정에서 경영상의 논쟁이 발생했다면 사업자가 자주적으로 해결하는 것이 옳다.

지금은 사회기반시설도 개혁의 필요성을 느끼고 있는 시대다. 개혁까지는 아니더라도 플랫폼의 기반시설이 부족하다면 그 부분을 보완할 수 있는 구체적인 방법을 찾아 그 간극을 메꾸어야 한다. 그게 사업자의 일차적 역할이다.

이렇게 방치된 공공장소의 부끄러운 민낯을 우리 사회가 어떤 관점으로 바라보아야 하는지 실로 부담스럽고 우려가 된다. 시민들이 이러한 상황을 바라보기만 한다면 더 큰 문제를 불러올 수도 있다.

공공재를 다루는 사업자는 믿음과 신뢰가 기본이다. 관리와 운영을 할 때에도 상업적인 품격을 잃지 않아야 한다. 자신의 운영체제를 탄탄히 만드는 데만 열중할 것이 아니라, 그보다 먼저 공용터미널의 기능을 회복하는 조정자가 되어야 한다. 이윤 창출과 사회적 책임을 함께 지니고 있어야 진정한 사업가다.

행정 당국도 참으로 난처하고 곤혹스럽겠다는 생각이 든다. 사태 해결을 위한 절충의 길을 모색해왔지만, 사법상의 권리라는 장벽이 가로막고 있다. 모두가 불편하지 않도록 속 시원하게 해결해보고 싶겠지만 법률적인 쟁점이 되풀이되거나 또 다른 난제로 표출될 수 있다.

우여곡절 끝에 터미널 이용객들의 매표소 및 대합실 내 출입과 이용을 전면 차단해 왔던 차폐시설을 30여 일만에 철거하고 대합

실의 정문이 뚫렸던 때도 있었다. 어쨌든 누군가는 승강장에 서 있는 버스 좌석에 승객을 태우고 운전대를 잡고 목적지를 향해 출발해야 한다.

대중교통에 대한 상생의 생태계가 끝내 이처럼 부실하다면, 지금보다 더 한 일도 벌어질 수 있다는 것을 행정당국은 염두에 두어야 할 것이다. 공공재에는 이른바 '비배제성'이라는 특성이 있다. 시장경제에만 맡겨두면 사회적으로 필요한 최소한의 수준에도 미치지 못하는 경우가 벌어지게 된다. 수요자의 불편과 희생이 불 보듯 뻔하다. 걱정과 우려가 분노로 바뀌게 되면 자치권에 대한 불만이 커질 수밖에 없다.

이제 관찰카메라를 내려놓고 무대로 나와 주연이 되어주기 바란다. 극한상황에서 벌이는 주인공의 연기가 대단원의 막을 내리게 해주기 때문이다.

남해군의 속살을 들여다 본 결산검사

◇◇◇◇◇◇ 2015년부터 지금까지 해마다 20여 일 동안 남해군 결산검사위원으로 참여하고 있다. 군정 발전과 군민을 위해 2018 회계연도에 남해군이 집행한 세입 세출 예산 등 전 분야의 결산 업무를 검사하고 결과를 의회에 제출하는 것이 필자가 맡은 일이었다.

의회의 추천을 받고 맡게 된 직분이라 막중한 책임감을 느끼는 한편, 군정을 알 수 있는 좋은 기회여서 개인적으로도 소중한 경험이라 생각한다. 그러나 군민의 입장에서 예산이 적법하고 타당하게 집행됐는지 엄정하고 투명하게 검사해 행정의 신뢰성을 확보하는 일이라 부족한 필자가 과연 이 일을 제대로 수행할 수 있을지는 부담스럽다.

또한 감사나 검사라는 용어가 피감사자 입장에서는 딱딱하고 불편할 거라는 생각이 들 때가 있다. 옳고 그름과, 더 낫고 덜한 것을 구별하고 판단하는 일 아닌가. 그럴수록 주관적인 생각을 배제하고 모든 사람에게 예의를 갖추는 것이 필요한 일이라 여겨진다.

2015년도에 처음으로 결산 검사위원을 맡으면서 느낀 점이 많았다. 방대한 예산과 다양한 사업들을 검토하는데 시간이 그리 넉넉한 편이 아니었고 개인적으로 더 전문적인 소양을 키워야 하겠다는 생각도 많이 하게 되었다.

그리고 업무 내용을 분석해 적정성 여부를 판단하고, 필요한 경우 대안을 고려할 수 있는 자질을 겸비하는 것이야말로 결산 검사 업무를 이행하는데 필요한 자질이라는 것을 깨달았다.

그렇다면 과연 나는 그런 자질을 겸비하고 있는가? 지난 3년간 결산검사를 맡았던 경험이 도움이 되기는 했지만 겸연쩍고 부끄러운 마음이 들지 않을 수 없었다. 준비하지 않고 자리만 탐한다면 무책임한 것이고 그렇게 되어서도 안 된다는 것이 평소의 소신이니, 이 일을 하며 부족한 부분이 없도록 진심을 다해 노력해야겠다는 마음뿐이었다.

결산 검사를 하며 내가 몰랐던 것도 알게 되었다. 그동안 공무원의 역할이란 현장과 이론 어느 하나도 소홀히 할 수 없는 자리인데, 공무원들이 '탁상 행정'을 한다며 비꼬는 말을 간혹 들어왔었다. 그런데 결산 검사를 하며, 공무원들이 현장에 대해 진지하게 고민하는 동시에 이론을 겸비하고 있다는 것을 알게 되었다.

군 살림 전반에 걸쳐 사업의 적정성과 예산 집행의 효율성을 점검하고 업무 담당자와도 많은 교감을 나누었다. 그들이 자신의 업무에 대해 갖고 있는 애정과 소신을 느낄 수 있었으며, 그들이 갖고 있는 역량도 알 수 있었다. 결산 검사를 통해 오히려 많은 것을 배우게 된 것 같았다. 남해군의 건전한 재정운영을 위해 끊임없이 노력한 흔적들을 보며, 그동안 미처 잘 알지 못했던 공무원들의 노고에 고마워하지 않을 수 없었다.

특히 결산 검사 대상이 여러 분야에 걸쳐 광범위하고 그 종류가 다양한데도, 합리적인 방향과 방법을 제시해 부족한 필자를 이끌어주신 2015년도 박종길 대표위원님, 2016년도 하복만 대표위원님, 2017년 박미선 대표위원님, 2018년 이주홍 대표위원님께 깊은 고마움을 느꼈던 시간이었다.

덕분에 우리 군의 보물이 무엇인지 속살을 조금이나마 들여다보았다. 이 일을 계기로 숙연한 마음이 들 정도로 남해를 더 깊이 사랑하게 된 것 같다. 군민의 권리와 의무가 균형감각을 잃지 않고 조화를 이루려면 어떻게 해야 하는지 앞으로도 관심을 가져야겠다. 한동안 추웠던 겨울의 길목에 봄 햇살이 닿아 새싹이 돋아나고 있다. 남해를 찾아오는 새로운 봄이 기대된다.

지역 언론에게 바란다

◇◇◇◇◇◇ 모든 국민은 언론 출판의 자유를 가지고 있다. 자유는 사상과 표현의 자유로서 중요한 기본권이며 인간 존엄성에 필요한 개성 신장의 수단이자 민주주의 통치 질서가 성립되기 위한 전제조건이다.

언론의 역할은 참으로 중요하다. 언론은 독자들에게 폭 넓은 정보를 제공하고 지식을 공유할 수 있게 해주며 사회 통로를 열어주어 합리적인 행동 양식이 어떤 것인지 알려준다. 또한 다양한 사회 현상과 정보를 신속하게 전달해 독자들이 합리적으로 사회생활을 준비하고 대처할 수 있는 힘을 길러주고 있다.

그러므로 언론은 우리 생활과 동떨어져서는 안 될 것이다. 그리고 독자의 알 권리를 충족시켜 줄 수 있을 만큼 그 기능과 수준이 뛰어나야 한다. 그 선결 조건으로 언론의 자유가 보장되어야 한다는 것은 너무나 당연한 얘기이다.

하지만 그 자유만큼 중요하게 생각해야 하는 것이 있다. 언론이 가져야 할 윤리와 책임감이다. 즉, 객관성, 정확성, 공정성,중립성, 다양성, 전문성을 유지해야 한다. 그리고 지금까지 지역 언론이 걸어온 발자취를 되돌아보며, 한밤중에도 홀로 등불을 밝히는 언론사가 될 수 있도록 고민해야 한다.

건강하고 보다 성숙한 남해가 되기 위해서는, 깨어있는 지역 언론과 더불어 무엇보다 군민의 역할이 중요하다. 군민 스스로 다양한 경험과 학습활동을 통해 사회 변화를 이끌어야 할 것이다. 의식이 깨어있고 역량 있는 군민으로 성장하는데 지역 언론이 힘을 보태어 주었으면 한다.

그러려면 언론이 먼저 경제, 도덕, 법률, 문화, 예술 등, 사회 전반에서 벌어지는 현상을 어느 한쪽으로 치우치지 말고 정확한 사실과 객관적인 토대 위에서 동의하거나 비판해야 할 것이다.

그리고 어떤 길이 남해군을 진정으로 위하는 것인지 통찰력과 균형감각을 갖고 있어야 한다. 지역사회 문제와 정책 현안에 대한 공개적인 토론의 기회를 독자들에게 제공하여 수준 높은 주장을 적극 펼칠 수 있도록 해주어, 수용자 중심의 보도가 일정한 수준의 질과 양으로 채워지기 바란다.

그렇다고 언론에게만 모든 책임을 전가하거나 요구해서야 되겠는가. 독자가 진실을 알기 위해서는 제대로 된 사실이 중요하다. 언론이 객관적인 사실에 바탕을 둔 정보 상품을 만드는 과정에서 제공을 방어하고 훼손시키는 지나친 통제가 있어서 는 안 될 것이다. 그것은 군민과 독자들의 눈을 가리고 귀를 막는 것이다.

한편 언론은 재정 건전성이 확보되어 경영 합리화가 이루어져야 한다. 언론사 스스로 노력해 이를 극복해야 하겠지만, 언론을 통해 새로운 정보를 공유하는 독자들 역시 마음으로 힘이 되어주어야 할 것이다.

언론은 사회의 목탁이며 나아갈 방향과 목적을 실현하도록 이끌어 주는 나침판이다. 지역 언론이 군민과 독자들에게 건강한 에너지를 제대로 공급하면, 때로는 의심하고 때로는 공감하며 긍정과 부정의 단계를 거쳐 판단하고 행동하는 것은 군민과 독자의 몫이다.

사실과 진리 앞에서는 모든 가식과 껍데기조차 언젠가는 정화되기 마련이라고 한다. 그릇된 생각을 깨뜨려 바른 도리를 드러낼 수 있는 것은 정론직필에 있음을 다시 한 번 새겨봐야 한다.

우리 지역 언론이 폐쇄와 소유가 아니라, 시대정신을 반영한 공개와 공유를 추구하며 군민과 독자들의 진정한 길잡이가 되기를 진심으로 기대한다.

어둠이 깊을수록 별은 빛나고

1판 1쇄 인쇄 2019년 5월 20일
1판 1쇄 발행 2019년 5월 25일

지은이 김정화
발행인 김소양
편 집 권효선
마케팅 이희만

발행처 열린지평
출판등록번호 제321-2010-000113호
출판등록일자 1998년 06월 03일
주소 경기도 광주시 도척면 도척로 1071
마케팅팀 02-566-3410 **편집팀** 031-797-3206 **팩스** 02-6499-1263
홈페이지 www.wrigle.com

값은 표지에 있습니다.
열린지평은 ㈜우리글의 임프린트입니다.

ISBN 978-89-6426-092-0 03810

이 도서의 국립중앙도서관 출판예정도서목록(CIP)은 서지정보유통지원시스템 홈페이지(http://seoji.nl.go.kr)와 국가자료종합목록 구축시스템(http://kolis-net.nl.go.kr)에서 이용하실 수 있습니다.
(CIP제어번호 : CIP2019019659)

잘못 만들어진 책은 구입하신 서점에서 교환해드립니다.